Cornelia Lohs

Glücksorte in Irland

Fahr hin & werd glücklich

Dieses

Glücksbuch

ist für

Liebe Glücksuchende,

es gibt keine zweite Insel im Atlantik, die eine solche Vielfalt aufweist und so kontrastreich ist wie Irland: endlos grüne Ebenen, die von sanften Hügelketten durchzogen sind, steil abfallende Klippen, schroffe Berge, einsame Seen, beeindruckende Sandstrände und kleine Buchten, windumtoste Inseln vor der Küste, peitschende Atlantikwellen, quirlige Städte, romantische Schlösser, prächtige Gärten und geheimnisvolle Ruinen. Ganz zu schweigen vom mediterranen Flair an der atemberaubenden Südwestküste, an der dank des milden Golfstroms Palmen gedeihen, und dem Wild Atlantic Way, der irischen Version der legendären Route 66. Glücksorte zu finden, fällt bei dieser Auswahl nicht schwer. Für die einen sind es Orte in den beiden größten Städten der Insel, Dublin und Cork, für andere sind es die weitläufigen Strände im Südwesten, fantasievoll gestaltete Landschaftsgärten, die ihresgleichen suchen, oder einsame Inseln vor der Küste. Mein persönlicher Glücksort ist die windumtoste Westküste, die Ihnen im Buch gleich mehrmals begegnet. Vielleicht haben Sie bald Ihren eigenen Glücksmoment in Irland und werden wie ich Fan der grünen Atlantikinsel.

Cornelia Lohs

GLÜCK

Deine Glücksorte ...

... noch mehr Glück für dich

Glück im Sonnenaufgang

1 Hook Lighthouse, Hook Peninsula

Wer früh aufsteht, hat mehr vom Tag. Und wer zeitig in der Morgendämmerung zum Leuchtturm am Hook Head marschiert, wird zudem mit einem spektakulären Sonnenaufgang belohnt. Die Müdigkeit ist verflogen, sobald das Lichtspektakel am Horizont beginnt und die einsetzende Morgenröte das Firmament sanft mit Farben füllt. Gelbliches Rosa geht über in ein leuchtendes Rot-Orange. Mischen sich Wolken in die Szenerie mit ein, wirkt das himmlische Schauspiel umso dramatischer. Das Spektakel von Farbe und Licht lässt das Herz vor Freude springen. Die frische Meeresluft, die sanft ins Gesicht weht, das Rauschen der Wellen und die frühmorgendliche Stille tun ihr Übriges. Ein Jammer, dass der Sonnenaufgang nur wenige Minuten dauert.
Die Sonne strahlt nun auf den schwarz-weiß gestreiften Turm am felsigen Hook Head. Der älteste noch in Betrieb befindliche Leuchtturm Irlands ist in den frühen Morgenstunden allerdings noch geschlossen. Er wurde im frühen 13. Jahrhundert nach Plänen des anglo-normannischen Ritters William Marshall, 1. Earl of Pembroke, aus Kalkstein errichtet, und mit so dicken Wänden ausgestattet, dass ihm in 800 Jahren weder Wind und Wetter noch peitschendes Salzwasser etwas anhaben konnten. Lediglich die Spitze ist „neu" – sie wurde 1810 aufgesetzt. In den ersten Jahrhunderten bestand das Leuchtfeuer aus einem offenen Feuer, das Unmengen an Holz und Kohle verschlang. Der Leuchtturmwärter musste das Brennmaterial drei Stockwerke hinauftragen, weshalb die Wendeltreppe nicht wie üblich im, sondern gegen den Uhrzeigersinn verläuft. So hatte der Träger mehr Platz auf der rechten Seite, wenn er mit Holz- und Kohlesäcken die Treppe hinaufstieg. Später wurde Walöl, danach Paraffin zum bevorzugten Brennstoff. In den 1970er-Jahren wurde der Leuchtturm mit Elektrizität ausgestattet und seit 1992 wird er von Dún Laoghaire aus von der Behörde „Commissioners of Irish Lights" ferngesteuert. Das machte den Leuchtturmwärter überflüssig.

TIPP
Eine geführte Tour im Leuchtturm

● Hook Head Lighthouse, Hook Peninsula, County Wexford, Tel. +353 (51) 39 70 55
www.hookheritage.ie

Teatime auf Rädern

2

Dublin Sightseeing bei Tee und Scones

Es ruckelt, poltert und lärmt, als Pauline sich schnaubend in Bewegung setzt. Schließlich ist sie nicht mehr die Jüngste und das historische Kopfsteinpflaster tut das Seine. Polly, so ihr Spitzname, ist ein ausgedienter Doppeldeckerbus aus England, der in einen rollenden Tee-Salon umgestaltet wurde. Ein Hit aus den 1960er-Jahren tönt aus den Lautsprechern, als die alte Dame die Essex Street verlässt, auf den Wellington Quay einbiegt und entlang der Liffey nach Westen rollt. Auf den hübsch gedeckten und fest im Boden verankerten Tischen stehen Etageren mit köstlichen Fingersandwiches und Kuchenstückchen auf rutschfesten Gummimatten. Als Polly gemächlich durch den Phoenix Park gleitet, werden dampfender Tee, warme Scones, Clotted Cream und Marmelade serviert. Ein himmlischer Duft durchströmt den Bus. Wie passend, dass Ella Fitzgerald gerade singt: „Heaven, I'm in heaven." Besonders an regnerischen Tagen, und davon gibt es in Dublin nicht wenige, wird der rollende Teesalon schnell zur Wohlfühloase.

TIPP

Rundgang durch die monumentale Christ Church

Auf Höhe des Zoos erzählt der Guide die Geschichte von Löwe Slats, der zum Logo von MGM, dem einst größten Filmstudio Hollywoods, wurde. Der Legende nach entdeckte Tiertrainer Volney Phifer Slats im Dubliner Zoo, nahm ihn mit in die Traumfabrik und machte ihn kamerataugIich.

Zurück Richtung Zentrum wird Tee nachgeschenkt und man erfährt Witziges und Wissenswertes zu historischen Schauplätzen und Monumenten, wie The Spire, der längsten Skulptur der Welt, die in der belebten O'Connell Street über 120 Meter hoch in den Himmel ragt und Spitznamen hat wie „Stiletto in the Ghetto" und „Stiffy by the Liffey". Beim Song „Bad, Bad Leroy Brown" erreicht der Bus den Merrion Square, wo sich Bad Boy Oscar Wilde lässig auf einem Felsbrocken räkelt. An der Christ Church vorbei zuckelt Polly langsam zur Essex Street zurück. Im monumentalen Gewölbekeller der Kathedrale befindet sich ein Museum, das in die geschichtsträchtige Vergangenheit der Kirche entführt.

- Vintage Tea Trips, Startpunkt: Essex Street East 4-6, Dublin 8, Tel. +3 53 (01) 2 55 17 77 www.vintageteatrips.ie
- ÖPNV: Bus 9 oder 123, Haltestelle College Green, dann 450 Meter zu Fuß

CLEAVER
EAST
BY OLIVER DUNNE
YOU'RE LATE FOR TEA!
61
vintageteatrips.ie
TEA! A DRINK WITH JAM AND BREAD
61
ZV 12589

Irlands Garten Eden

3 Garinish Island, Bantry Bay

Spieglein, Spieglein an der Wand, welcher Garten ist der Schönste im ganzen Land? Garinish Island, ohne Frage. Die unbewohnte Blumeninsel in der Bucht von Bantry ist ein paradiesisches Fleckchen Erde mit einer atemberaubenden Pflanzenvielfalt. Schon die 15-minütige Überfahrt lässt Glücksgefühle aufkommen: Das Boot fährt so nahe an Robbenbänken vorbei, dass man die Tiere ganz genau beobachten kann.

Kaum hat die kleine Fähre auf Garinish Island angelegt, kommt man aus dem Staunen nicht mehr heraus. Man befindet sich inmitten eines subtropischen Blumenparadieses mit italienischen und japanischen Gärten, Statuen, Säulengängen, griechischem Tempel, Lilienteich, Moorbeet, Zederngarten und hübschen Spazierwegen unter exotischen Bäumen. Es gibt sogar ein Tal des Glücks (Happy Valley). Herzstück des blumigen Eilands ist das prächtige Haus des einstigen Inselbesitzers John Annan Bryce (1841–1923). Der schottische Politiker und seine Frau Violet erwarben die Insel 1910 vom britischen Kriegsministerium als Rückzugsort und verwandelten sie mithilfe des Londoner Landschaftsarchitekten Harold Peto in das, was sie heute ist. Häufige Gäste waren seinerzeit die Schriftsteller George Bernard Shaw und George William Russell. Die Räume im Haus sind noch im Originalzustand und dürfen im Rahmen einer Führung besichtigt werden. Bryces Sohn Roland vermachte die Insel 1953 dem irischen Staat. Der Rückzugsort des Politikers wurde zur Touristenattraktion, in der man Ruhe vergebens sucht – zumindest während der Hochsaison. Aber wie himmlisch es dort duftet und welch idyllische Plätzchen man findet! So ein Eiland für sich allein, fernab der Alltagshektik, das wäre nicht schlecht!

Als George Bernard Shaw 1923 auf der Insel weilte, sagte Violet Bryce zum Abschied: „Goodbye Shaw, ich hoffe, wir sehen uns im Himmel wieder.“ Der Schriftsteller sah sie an und erwiderte: „Madam, sind wir dort nicht schon?“

TIPP

Augen auf bei der Rückfahrt und Blick nach oben: Am Rande der Insel leben Seeadler auf einem Baum.

- Garinish Island, Glengarriff, Bantry, County Cork, Tel. +3 53 (27) 6 30 40 www.garinishisland.ie
- Fähre ab Glengarriff am Ring of Beara, www.harbourqueenferry.com

Kulinarischer Mikrokosmos

4 The English Market, Cork

Der Duft von Köstlichkeiten kitzelt den Geruchssinn. Leckereien, so weit das Auge reicht: frische Backwaren, Obst und Gemüse, Gewürze, Fisch und Meeresfrüchte, Käse, irische Delikatessen, Kaffeespezialitäten aus aller Welt, Wein und allerlei Exotisches. Ein Bummel durch die Korridore einer der ältesten Markthallen der Welt ist ein Fest für Augen, Gaumen und Nase. Die Auswahl an kulinarischen Schätzen ist groß. Selbst Queen Elizabeth II. ließ es sich bei ihrem Irlandbesuch 2011 nicht nehmen, gemächlich über den Markt zu schlendern und hier und da zu naschen. Ihr Sohn und Nachfolger Charles, damals noch Prince of Wales, tat es ihr 2018 gleich. Besonders lecker sind die rund 100 Biobrotsorten der Alternative Bread Company (Unit 22) – man steht am Stand und kann sich bei dieser Auswahl kaum entscheiden. Bei Heaven's Cakes gibt es himmlische Kuchen, und am preisgekrönten Chocolate Shop kommt man einfach nicht vorbei, ohne etwas zu kaufen. My Goodness spezialisiert sich auf köstliche und gut gewürzte vegane, zucker- und glutenfreie Gerichte, The Good Food Shop auf Bioprodukte, und bei den Bubble Brothers kann man sich mit Wein und Champagner aus aller Welt eindecken. Am Sandwich Stall (Unit 39) gibt es Sandwiches mit frischen Zutaten und die leckersten Salate zum Mitnehmen, während Mr. Bell's mit Gewürzen aus aller Welt lockt. Im Zwischengeschoss über dem Markt befindet sich das Farmgate Café mit Balkontheke, das mit Zutaten vom Markt exquisite Gerichte auf die Teller zaubert.

TIPP

Ein Guinness im Mutton Lane Inn, einem der besten Pubs der Stadt, direkt an der Markthalle

Man könnte sich den ganzen Tag über in den belebten Korridoren aufhalten und essen ohne Ende. Seit ihrer Eröffnung 1788 hat die Markthalle Hungersnot, Überschwemmungen, Feuer, den Unabhängigkeitskrieg, mehrere Rezessionen und zuletzt die Covid-19-Pandemie erlebt und überstanden. Das Originalgebäude gibt es allerdings nicht mehr. Die heutige Markthalle im viktorianischen Stil wurde erst Mitte des 19. Jahrhunderts errichtet.

- The English Market, Princes Street, Cork City, County Cork, www.englishmarket.ie
- ÖPNV: Bus 203, Haltestelle St. Patrick Street

The Roughty Foodie
Proprietors
Michael F. & Peggy Murphy
Est. 1961 A.D.
GOOD FOOD
IRELAND
Irish
Brown /
Bread
Scone
mix

Ultimatives Naturerlebnis

5 Malin Head, Inishowen

Rauer Wind, der selten eine Pause einlegt und den Atlantik kräftig aufpeitscht, mächtige Wellen, die sich mit Wucht an den schroffen Klippen brechen – nirgendwo in Irland spürt man die ganze Urgewalt der Natur mit jeder Faser des Körpers so intensiv wie am Malin Head an der Spitze der entlegenen Halbinsel Inishowen. Außer dem Meer auf drei Seiten findet man dort vor allem eines: Einsamkeit, Leere und unberührte Natur. Dank der geringen Lichtverschmutzung kann man mit etwas Glück von September bis März sogar die grün leuchtenden Polarlichter am nächtlichen Himmel tanzen sehen.

Malin Head liegt an der äußersten Spitze Donegals und ist der nördlichste Punkt des irischen Festlandes. Er markiert den Beginn des über 2500 Kilometer langen Wild Atlantic Way. Oder auch das Ende, befährt man ihn von Süd nach Nord. Die kleine Landzunge ähnelt einer „weit, weit entfernten Galaxie", fanden die Macher von Star Wars und wählten sie 2016 als Kulisse für „The last Jedi" – Nummer VIII der intergalaktischen Saga, die im Dezember 2017 in die Kinos kam. Drei Jahre nach den Dreharbeiten benannte Donegal eine Straße auf Inishowen nach dem Kultroboter R2D2. Nördlichster Zipfel des Malin Head ist Banba's Crown, der einen atemberaubenden Panoramablick auf die Klippen und das Meer freigibt: Der Blick nach Westen umfasst von links nach rechts die Inishowen Hills, Dunaff Head, den Leuchtturm Fanad Head, Horn Head und Tory Island. In der Ferne, links vom Fanad Head, liegen die Berge Muckish und Errigal, und vor der Küste erkennt man den Leuchtturm auf der abgelegenen Insel Inishtrahull.

Wahrzeichen von Banba's Crown ist ein Turm aus der Zeit der Napoleonischen Kriege, der später als Lloyds-Signalstation genutzt wurde. Nahe dem Turm steht auf Felsen in riesigen Lettern das ehemals aus Steinen gelegte Wort ÉIRE.

TIPP

Unter www.govisitdonegal.com findet man Angebote für Polarlicht-Fototouren.

● Malin Head, Ardmalin, Inishowen, County Donegal

Ein Fest für die Ohren

6

Grafton Street, Dublin

Einen halben Kilometer lang und 12 Meter breit ist Dublins Mekka der Straßenmusik. Hier spielt die Musik an sieben Tagen der Woche, im Sommer wie im Winter. Ob Solist, Duo oder achtköpfige Band mit Schlagzeug, E-Gitarren und Piano, ob Rock, Pop, Indie, Blues, Tango, Irish Folk, Jazz oder Klassik, auf Irlands berühmtester Fußgängerzone sind alle Genres vertreten. Die Musik und der Gesang der „Buskers“, so die englische Bezeichnung für die auf der Straße Musizierenden, motivieren zum Stehenbleiben und bieten eine kleine Ruhepause vom Shopping in der belebten Fußgängerzone. Der eigene Musikgeschmack ist garantiert vertreten, denn entlang der Grafton Street spielen mehrere Musiker gleichzeitig. Mit gebührendem Abstand, sodass die Klänge sich nicht vermischen. An manchen Tagen gleicht die Einkaufsstraße gar einem Musikfestival. Man geht von Gruppen zu Einzelsolisten, vergisst die Welt ringsum, und im Nu sind zwei Stunden vergangen. Auch der Tanz kommt nicht zu kurz. Ertönt irische Volksmusik, lassen sich junge Dublinerinnen gerne zum Irish Dance, dem traditionellen irischen Stepptanz, hinreißen. Der Tanz sieht gar nicht so schwer aus, sodass auch Zuschauende begeistert mitsteppen.

TIPP
Afternoon Tea bei Bewley's in der Grafton Street 78

Die Grafton Street zeigt einmal mehr, welch große Rolle Musik im irischen Alltag spielt. So hat die Insel in den vergangenen Jahrzehnten zahlreiche Pop- und Rock-Ikonen hervorgebracht wie U2, The Cranberries, Sinéad O'Connor, Van Morrison, Gary Moore, Bob Geldof, Thin Lizzy und Rory Gallagher, der bis heute zu den besten Blues-Rock-Gitarristen aller Zeiten zählt. Für zahlreiche irische Buskers war und ist die Grafton Street das Sprungbrett zu einem Plattenvertrag. Einer der berühmtesten Dubliner Straßenmusiker wurde 2007 samt Grafton Street in dem Film „Once“ verewigt. Glen Hansard, Frontmann der Band The Frames, begann seine musikalische Karriere mit 13 Jahren in der Grafton Street. Mit etwas Glück sieht man sogar Bono und „The Edge“ von U2 an Heiligabend als Buskers in der Grafton Street.

- Grafton Street, Dublin 2
- ÖPNV: LUAS Green Line, Haltestelle St. Stephen's Green

Roland
MICRO CUBE
BASS

Im Käsehimmel

7 Cashel Farmhouse Cheesemakers, Cashel

Welcher Käse-Fan kennt ihn nicht, den würzigen Cashel Blue, der auf keinem Käseteller in irischen Restaurants fehlt? Wer schon immer mal wissen wollte, wie Irlands erster Blauschimmelkäse hergestellt wird und wie lange er reift, erfährt das während der informativen dienstäglichen „Tasting Experience" in der Käserei in der Beechmount Farm circa 12 Kilometer nordöstlich von Cashel. Gekostet werden darf natürlich auch.

Als Jane und Louis Grubb die Farm 1979 erbten und ihr gesamtes Vermögen in den Kauf von 90 Milchkühen steckten, um Käse herzustellen, der die Qualität der Tipperary-Grasmilch widerspiegelt, ahnten sie nicht, dass das Produkt ihrer Vorstellung einmal in aller Munde sein würde – und bei Weitem nicht nur in irischen Mündern. Auf dem Weg zum weltweiten Ruhm lagen ein Kurs im Käsemachen, unzählige Experimente und ein kleiner Verkaufsstand auf dem Markt im kleinen Örtchen Fethard. Im Jahr 1984 war es so weit: Mit dem Cashel Blue gelang den Grubbs der erste Blauschimmelkäse Irlands, der wenig später den Innovationspreis des irischen Milchindustrieverbandes gewann. Die beiden gründeten die Firma J&L Grubb – Cashel Farmhouse Cheesemakers. Die erste internationale Bestellung ließ nicht lange auf sich warten – sie kam von der renommierten Molkerei Neal's Yard Dairy aus London. Der Cashel Blue verkaufte sich so gut, dass Jane und Louis die Molkerei 1991 erweiterten und die Produktion erhöhten. Schafe wurden angeschafft, denn nun sollte auch eine Version des Käses aus Schafmilch hergestellt werden. Nach mehreren Versuchen entstand der Crozier Blue, der 2003 mit dem World Cheese Award ausgezeichnet wurde. Bis heute hat der Cashel Blue (inklusive der Schafmilchvariante) rund 90 nationale und internationale Preise gewonnen und längst seinen Siegeszug um die Welt angetreten. Heute ist er von New York bis Neuseeland erhältlich. Jane und Louis Grubbs haben die Käserei mittlerweile an ihre Tochter Sarah und deren italienischen Ehemann Sergio Furno übergeben.

TIPP

Hügelplateau Rock of Cashel – hier herrschten einst die Könige der Provinz Munster.

● Beechmount Farm, Fethard, County Tipperary, Tel. +3 53 (0) 5 26 13 11 51
www.cashelblue.com

CASHEL
BLUE

Auf die Pferde, fertig, los

8

Punchestown Races, Naas

Illustre Gäste wie im englischen Ascot sieht man beim größten Pferderennen der Insel zwar nicht, verrückte Hüte und schräge Outfits aber allemal. Zu dem fünftägigen Punchestown Festival mit 40 Rennen, das Ende April/Anfang Mai stattfindet, reisen Pferde- und Wettverrückte aus allen Teilen des Landes an. Wer sich aus Pferderennen nichts macht, kommt nichtsdestotrotz, denn das Event bietet Gelegenheit zum Sehen und Gesehenwerden und vor allem, um aufzufallen. Wobei die Kopfbedeckung dabei weit wichtiger ist als das restliche Outfit. Von Belang ist natürlich, dass alles harmoniert, denn für den Gesamteindruck gibt es einen Preis am Punchestown Ladies Day. Diejenigen, die sich weder aus Pferden noch aus Mode etwas machen, kommen zum „people watching" und aus dem Staunen nicht heraus. In den langen Pausen zwischen den Rennen präsentieren sich an den Champagner-Bars Besucherinnen mit den schrägsten Kopfbedeckungen – von autoreifengroßen Hüten bis hin zu gefiederten turmartigen Gebilden. Die Herren, die etwas auf sich halten, tragen Frack und Zylinder.

Auf dem gigantischen Festivalgelände hinter den Tribünen herrscht Volksfeststimmung. Hot-Dog-Stände, Restaurants und Läden reihen sich aneinander. Im Winner's Circle wird der Gewinner aus dem ersten Rennen von seinem Jockey herumgeführt und von der Menge bewundert. Wettverrückte sitzen auf Bänken um Tische und diskutieren aufgeregt die Buchmacherlisten. Ob wettnärrisch oder nicht, man lässt sich von der Umgebung mitreißen und wettet auf ein Pferd mit seltsamem Namen wie Full Metal Jacket, Diamondinthemud oder Echoes in the Rain. Beflügelt steht man anschließend auf der Tribüne, schreit begeistert auf, wenn die Pferde vorbeigaloppieren. Dreimal müssen sie die über 3 Kilometer lange Strecke umrunden. Der Favorit verliert? Macht nichts, dabei sein ist alles. Im Mai 2023 wurde mit 132.000 Menschen der bisher größte Zuschauerrekord in der Geschichte des Rennens, das seit 1861 stattfindet, verzeichnet.

TIPP

Das Killashee Hotel in Naas – ein schlossähnliches früheres Internat mit traumhaften Gärten

● Punchestown Festival, Punchestown Racecourse, Naas, County Kildare, Tel. +3 53 (0) 45 89 77 04, www.punchestown.com

Das Glück über Baltimore

9 Rolf's Country House

„Ein kleines Stück Paradies auf Erden“, denkt man unwillkürlich bei Ankunft in dem charmanten Landhaus, das versteckt auf einem Hügel über dem Fischerörtchen Baltimore liegt. Erst recht, wenn man den Garten betritt: eine grüne Wohlfühloase mit Bäumen, duftenden Blumen, Palmen und Sträuchern, die zum Entspannen und Verweilen einlädt. Der perfekte Rückzugsort für süßes Nichtstun bei einem guten Glas Wein, eine Ruheinsel, um die Nase in ein Buch zu stecken, aber auch ein Ort, um mit anderen Gästen ins Gespräch zu kommen. Rings um den Garten verteilen sich das Haupthaus und Cottages zur Selbstversorgung, die mit viel Liebe zum Detail eingerichtet sind und über Terrasse, Bodenheizung und offenen Kamin verfügen, der an kalten Tagen für zusätzliche Behaglichkeit sorgt. Eine Herberge zum Wegträumen.

TIPP
Storytelling Festival im September auf Cape Clear (45 Minuten mit der Fähre ab Baltimore)

Als Gertrud und Rolf Haffner mit ihren Kindern Friederike und Johannes Ende der 1970er-Jahre vom Schwarzwald auf den Hügel über Baltimore zogen, bestand das Anwesen aus einem heruntergewirtschafteten, 400 Jahre alten Farmhaus mit Nebenbauten. Die neuen Eigentümer restaurierten und renovierten die Natursteingebäude in jahrelanger Kleinarbeit und versetzten sie in ihren ursprünglichen Stil zurück. Anfangs betrieben die Haffners die Gebäude als Jugendherberge, aus der nach dem Celtic Tiger (Zeit zwischen 1995 und 2007, als Irlands Wirtschaft im Rekordtempo wuchs) ein Hotel wurde.

Längst haben die Geschwister Haffner das Ruder übernommen. Friederike kümmert sich um den Hotelbetrieb, Küchenchef Johannes um das preisgekrönte Gourmet-Restaurant, das bei Hotel- und auswärtigen Gästen aus dem County Cork gleichermaßen beliebt ist. Johannes Haffner kocht mit regionalen Produkten und verwendet Bio-Zutaten aus dem eigenen Garten, Brot und Gebäck stammen aus dem heimischen Backofen. Am Abend bietet Rolf's Guesthouse einen spektakulären Blick auf den Sonnenuntergang über dem Hafen von Baltimore und der Roaringwater Bay. Einen schöneren Tagesabschluss könnte man sich nicht wünschen.

● Rolf's Country House, Baltimore Hill, Baltimore, West Cork, Tel. +3 53 (28) 2 02 89
www.rolfscountryhouse.com

Veganer Genuss

10 Cornucopia, Dublin

Sweet Potatoes oder Cannelloni? Enchiladas, libanesischer Auberginen-Eintopf, Gemüse-Pie oder doch lieber fünf verschiedene Salate? Oder indisches Curry? Die Lasagne in der Ecke sieht aber auch nicht schlecht aus. Und das Quinoa? Nur nicht zu lange zögern bei der Qual der Wahl. Man steht um die Mittagszeit schließlich nicht allein in der Schlange vor der Theke.

Das vegetarische/vegane Wholefood Restaurant Cornucopia (übersetzt: Überfluss) eröffnete 1986 als Health Food Shop und Café und nach einer Renovierung 1993 als vegetarisches Self-Service-Restaurant – damals ein Pionier der fleischlosen Küche in Irland. Gründer waren Neil McCafferty aus Derry und die Dublinerin Deirdre O'Mara, die sich beide vegan ernähren. Ihr Restaurant schlug ein wie eine Bombe, vor allem, weil keine portionierten Gerichte angeboten wurden, sondern die Gäste frei bestimmen konnten, welche Speisen und wie viel davon sie nehmen wollten. Von Anfang an war es am Mittag voll. Und es waren keineswegs nur Vegetarier, die in der Schlange standen. Heute überwiegt Veganes in den Vitrinen. Zum Kochen werden frische, naturbelassene Produkte aus Bio-Anbau sowie Vollkornprodukte verwendet. Dank Schildchen erfahren Allergiker, welche Allergene in den Speisen enthalten sind.

Das Cornucopia, das mittlerweile von Deirdres und Neils Tochter Dairine geleitet wird, befindet sich in einem hübschen georgianischen Gebäude und schafft mit seinem Holzboden, den Holztischen, Bistrostühlen, Spiegeln in goldenen Rahmen, sechsarmigen Kronleuchtern und Fenstern vom Boden bis zur Decke eine urgemütliche „Shabby Chic"-Atmosphäre. Ob am Morgen zu einem leckeren Frühstück aus Scrambled Tofu, Overnight Oats, Granola oder leckeren Brotsorten, zum Lunch, am Nachmittag zu Kaffee und Kuchen oder zum Abendessen – in dem zweistöckigen Restaurant fühlen sich nicht nur diejenigen, die der fleischlosen Küche frönen, wie im kulinarischen Himmel.

TIPP
Mehr Kulinarisches? Exchequer Street Dining Room bei Fallon & Byrne zwei Gehminuten weiter

- Cornucopia, 19 Wicklow Street, Dublin 2, Tel. +3 53 (1) 6 77 75 83
www.cornucopia.ie
- ÖPNV: Bus 9 oder 123, Haltestelle College Green

Shake it!

11

Daly's Bridge, Cork

Sie führt weder über tiefe Schluchten, steile Abhänge, noch über einen reißenden Fluss, sondern nur über den gemächlich dahinfließenden River Lee, und das nicht mal in luftiger Höhe. Steht man jedoch erst einmal in der Mitte von Corks einziger Hängebrücke, schwankt und wankt es dennoch ganz schön. „Make sure to get a good shake out of it" („Lass dich gut durchschütteln"), raten die Corconians (die Bürger der Stadt) allen, die die „Shakey Bridge", so ihr Spitzname, zum ersten Mal betreten. Die Schüttelmassage, die man auf der Brückenmitte erhält und die sich intensiviert, wenn man hüpft oder springt, sorgt für Entspannung, gute Laune und Lebensfreude, und die Aussicht auf die Umgebung ist auch nicht ohne.

Die Fußgängerbrücke wurde im Mai 1927 eröffnet, um den Fitzgerald Park mit dem Stadtviertel Sunday's Well zu verbinden. Das schmiedeeiserne Konstrukt ist 49 Meter lang, 1,40 Meter breit und nach dem Geschäftsmann James Daly benannt, der maßgeblich zur Finanzierung beitrug. Als die Brücke 2019 zur Restaurierung in vier Teile zerlegt und abgebaut wurde, war die Sorge der Corconians groß, dass sie beim Wiederaufbau nicht mehr wackeln würde. „Keep the shake", forderten die Einwohner vehement. Ein Aufatmen ging durch die Stadt, als sie im Jahr darauf wieder aufgebaut wurde und so „shakey" wie zuvor war.

TIPP

Im Park befindet sich das Cork Public Museum, das die Geschichte der Stadt erzählt.

Das südliche Ende der Brücke führt in den Fitzgerald's Park, der mit seinen von Bäumen gesäumten Alleen, üppigen Blumenbeeten, dem Rosengarten mit Statuen und Skulpturen, seinem großen zentralen Brunnen sowie zahlreichen lauschigen Plätzchen und einem Café einen ruhigen Rückzugsort vom Trubel der City bietet. Das heutige Parkgelände war 1902 Schauplatz der Weltausstellung „Cork International Exhibition". Nach der Ausstellung wurde das Areal in einen öffentlichen Park umgewandelt und nach Edward Fitzgerald, dem damaligen Lord Mayor (Oberbürgermeister) von Cork, benannt.

- Daly's Bridge, Mardyke Walk, Fitzgerald's Park, Cork City, County Cork
- ÖPNV: Bus 208, 220, Haltestelle Western Road, dann 450 Meter zu Fuß

Magischer Märchenwald

12

Killarney National Park

Hand aufs Herz: Wer hofft nicht, in den irischen Wäldern dem mystischen Leprechaun zu begegnen? In Irlands erstem Nationalpark auf der Halbinsel Iveragh, einem der ältesten noch verbliebenen Eichenwälder des Landes, stehen die Chancen gut. Zumindest unter Einsatz der Fantasie. Mit seiner wilden Natur, den unzähligen moosbewachsenen Felsen, Baumstämmen, teils krumm gewachsenen Bäumen und dem hohen Farn erinnert der Nationalpark an einen Zauberwald. Man erwartet geradezu, dass ein Leprechaun hinter einem Stein hervorspringt. Die grün gekleideten Kobolde mit den schweren Bärten, den überdimensionalen Hüten, Kniebundhosen und Schnallenschuhen sind die Schuhmacher der Feen. Sie sind sehr reich und bewahren ihr Gold in Töpfen auf, die sie am Ende des Regenbogens verstecken. Sie leben in der „Otherworld", in der keltischen Mythologie ein Ort voller magischer Kräfte. Über Spalten und Tore gelangen sie in die Welt der Menschen. Gelingt es jemandem, einen Leprechaun zu fangen, erfüllt dieser im Tausch für seine Freiheit drei Wünsche. So der Glaube. Aber Vorsicht. Hat man den Kobold nicht fest im Griff, löst er sich schwuppdiwupp in Luft auf. Auf der N71, die durch den Nationalpark verläuft, sieht man tatsächlich Schilder mit der Aufschrift „Leprechaun Crossing".

TIPP
Geführte Tour durch das wunderschöne Muckross House

Herzstück des über 100 Quadratkilometer großen Nationalparks, der Berge, Wälder, Bäche und Seen umfasst, ist das Muckross House. Der anglo-irische Politiker Henry Arthur Herbert ließ das schlossgleiche Herrenhaus am Ufer des Muckross Lake Mitte des 19. Jahrhundert errichten. Berühmtester Übernachtungsgast war Queen Victoria 1861. Letzter Besitzer des Hauses war der Amerikaner William Bowers Bourn. Die hohen Unterhaltskosten für das Anwesen und hohe Steuern bewogen ihn jedoch dazu, das Haus samt Ländereien dem irischen Staat zu schenken. Dieser machte Muckross House und Park für die Öffentlichkeit zugänglich. Mit weiterem Landzukauf des Staates entstand 1932 der Killarney National Park, der erste Nationalpark Irlands.

● Killarney National Park, County Kerry, www.killarneynationalpark.ie, geführte Wanderungen: www.killarneyguidedwalks.com

Hüpf dich glücklich

13 Jump Zone, Liffey Valley, Dublin

„Jump, Leap, Soar" – wem im Irlandurlaub der Sinn danach steht, mal nach Herzenslust zu hüpfen und dabei für den Bruchteil einer Sekunde das Gefühl der Schwerelosigkeit zu erleben, kommt um das Trampolinspringen im Dubliner „Jump Zone Trampoline Park" nicht herum. Dort wartet eine gigantische Hüpflandschaft auf Springbegeisterte aller Altersklassen. Je nach Sprungkraft lässt sich eine beachtliche Höhe erreichen und Hüpfende fühlen sich in der Flugphase nach oben so leicht wie eine Feder. Der Sprungfreiheit sind dabei keine Grenzen gesetzt!
Trampolinspringen macht nicht nur Spaß, sondern auch gute Laune. Dabei sind zehn Minuten Springen so effektiv wie 30 Minuten Joggen, die Gelenke werden jedoch weit weniger belastet. Das Hüpfen macht den Kopf frei, verbessert die Koordinationsfähigkeit, löst Verspannungen, stärkt die Muskeln und verbrennt Kalorien.
Das erste moderne Trampolin wurde 1934 vom amerikanischen Kunstturner George Nissen (1914–2010) gebaut. Die Idee dazu kam ihm, nachdem er im Zirkus Hochseilartisten beobachtet hatte, die im Sicherheitsfangnetz Kunststücke vollführten. Als Nissen drei Jahre später in Mexiko das Wort *trampolín* (Sprungbrett) hörte, anglisierte er es in *trampoline,* und das Sprunggerät hatte seinen Namen weg. In den USA wurde Trampolinturnen zum beliebten Sport und Nissen mit seinen Trampolinen weltbekannt. Nach ihm ist der älteste Trampolinwettkampf der Welt benannt – der seit 1958 in Davos stattfindende Nissen-Cup.
Eine Art Trampolin gab es schon lange, bevor Trampolinspringen als Sport populär wurde. Als „Erfinder" gelten die Yupik, die Ureinwohner Süd-Alaskas. Da es dort aufgrund des Permafrosts kaum Baumwuchs gibt und ergo keine Bäume, auf die Jäger steigen konnten, um nach Beute zu spähen, warfen die Yupik in vergangenen Zeiten einen Mann mithilfe von gespannten Walross-Häuten in die Luft, sodass dieser nach Tieren Ausschau halten konnte.

TIPP

Noch mehr Glücksgefühle? Butlers Chocolate Café im Liffey Valley Shopping Centre

● Jump Zone Trampoline Park, Liffey Valley Shopping Centre, Fonthill Road, Clondalkin, Dublin 22, www.jumpzone.ie
● ÖPNV: Bus C1, Haltestelle Liffey Valley, dann 700 Meter zu Fuß

Entschleunigung garantiert

14 Im Reich der Steine auf Inis Mór

Nach Inis Mór (auch Inishmore) zieht es diejenigen, die Ruhe suchen. Die größte Insel der Aran Islands in der Bucht von Galway gehört zur Gaeltacht-Region, in der Irisch die vorherrschende Sprache ist. Hier findet man Irland in seiner ursprünglichsten Form. Verkehrslärm ist auf der weitgehend autofreien Insel ein Fremdwort, Shopping und Nachtleben ebenso. Dreh- und Angelpunkte des gesellschaftlichen Lebens sind eine Handvoll Pubs, für Einkaufsspaß sorgen ein kleiner Spar-Supermarkt inklusive Geldautomat sowie ein Laden mit den unverkennbaren Aran-Pullis.

Rund 800 Menschen leben ganzjährig auf der 12 Kilometer langen und 3 Kilometer breiten Insel, auf der die Zeit einen Tick langsamer zu vergehen scheint. Noch bis 1975 gab es hier keinen elektrischen Strom. Die Landschaft ist karg und besteht vorwiegend aus Steinen, Geröll und rauen Klippen. Bäume gibt es kaum, dafür ist der Boden zu karg und die Luft zu salzig. Größter Steinbrocken ist das bronzezeitliche Fort Dún Aengus (irisch Dún Aonghasa), das hoch über Inis Mór auf dem Rand einer hohen Klippe thront. Ausgrabungen haben ergeben, dass in der Festung von 1500 v. Chr. bis 1000 n. Chr. Menschen lebten. Die Klippen am Fort stürzen schwindelerregende 100 Meter tief zum Atlantik ab. Die gegenüberliegende Seite bietet einen grandiosen Blick über das Eiland, das von hier oben einem gigantischen Flickenteppich gleicht: Tausende Steinwälle ziehen sich in parallelen Linien über die Insel und teilen sie in winzige Felder. Sie wurden vor Jahrhunderten zum Schutz der Äcker vor Wind und Wetter angelegt. Zwischen den Trockenmauern grasen Kühe und Schafe. Besonders an Herbsttagen, wenn es nur wenige Tagestouristen auf die Insel verschlägt, man allein am Strand steht, die Meeresluft einatmet und kein anderes Geräusch als das Rauschen des Atlantiks vernimmt, kommt man genau da an, wo man immer sein möchte: bei sich selbst.

TIPP

Eine Nacht auf der Insel verbringen? Unbedingt im Pier House am Hafen!

- Inis Mór Island, County Galway
- Fähre ab Rossaveal (Ros an Mhíl), County Galway, www.aranislandferries.com

Daran kommt keiner vorbei

15 Aran Sweater im Laden von Standún, Spiddal

Er ist winddicht, atmungsaktiv, hält warm und ewig. „Geansaí Árann“ (sprich: Gansie Arann) heißt der unverkennbare naturweiße Pullover mit vertikalen Zopfmustern auf Irisch. Seinen Siegeszug um den Erdball verdankt er den in die USA ausgewanderten Clancy Brothers. Die vier Brüder aus Tipperary und ihre Irish Folk Band wurden nach einem Auftritt in der legendären Ed Sullivan Show 1961 über Nacht berühmt. Ebenso wie die Pullis, in denen sie auftraten. Als die Band zwei Jahre später für den irischstämmigen Präsidenten John F. Kennedy sang, setzte ein wahrer Run auf die Aran Sweater ein. Die Brüder hatten ihre Pullis bei May und Máirtín Standún in Spiddal gekauft. In dem damals kleinen Tante-Emma-Laden in dem Straßendörfchen an der Küste der Galway Bay liefen nun pausenlos Bestellungen aus den USA ein. Die Strickerinnen auf den Aran-Inseln waren Tag und Nacht im Einsatz. Als in den 1970ern das Goldene Zeitalter des Irish Folk begann, fand der Aran Sweater endgültig seinen Weg in die Kleiderschränke der Welt.

TIPP
Spiddal Craft Village & Café, Kunsthandwerk aus der Region in Spiddle West

Bereits im 19. Jahrhundert strickten die Frauen auf den Aran-Inseln die Pullover als Arbeitskluft für ihre Männer. Damals verwendeten sie ölige, ungebleichte grob gesponnene Wolle. Die Pullis waren um einiges schwerer als heute, rochen ranzig, hielten die Träger in kalten Nächten draußen auf See jedoch warm. Die vielen Kombinationen von Stichen auf dem Aran Sweater sind nicht zufällig – die Muster wurden von den Strickerinnen eifrig gehütet und über Generationen hinweg im Familien-Clan gehalten. Ein fertiger Pulli enthält um die 100.000 sorgfältig konstruierte Maschen und eine beliebige Kombination von Stichen, abhängig vom jeweiligen Clan-Muster. Handgestrickte Teile sind selten geworden – die Vorteile der maschinellen Herstellung überwiegen. Standún hat sich dank der Aran-Sweater um einiges vergrößert und gilt als bester Laden für den Pullover. Bei der Auswahl an Mustern und Farben hat man die Qual der Wahl.

● Standún, Connemara Coast Road, Spiddal (An Spidéal), County Galway, Tel. +3 53 (91) 55 31 08, www.standun.com

Möge die Macht mit dir sein

16

Skellig Michael, Portmagee

Beim Anblick des schroffen Felsens, der 12 Kilometer vor Portmagee steil aus dem Atlantik ragt, treten bei Star-Wars-Fans Glücksgefühle auf. Weil er tatsächlich aussieht, als wäre er einer fernen Galaxie entsprungen, wählten die Macher von Episode VII „The Force Awakens" den über 200 Meter hohen Riesenfels 2014 als Planet Ahch-To, Rückzugsort des letzten Jedi, Luke Skywalker. Keine drei Minuten ist Skellig Michael erst ganz am Ende des Films im Bild. Für Fans der intergalaktischen Saga aus aller Welt aber Grund genug, um zu diesem abgeschiedenen Ort an der Südwestküste Irlands zu pilgern. Bis dahin hatte die schlechte Zugänglichkeit des Felsens große Besucheranstürme verhindert.

Einst befand sich auf dem Gipfel das am schwersten zugängliche Kloster Europas. Mehr als 600 grob in den Felsen gehauene Stufen führen hinauf zu einem Felsvorsprung, auf dem zwei bootsförmige Kapellen, Grabsteine und Kreuze sowie eine Anzahl steinerner Bienenkorbhütten stehen, die einst als Unterkünfte der Mönche dienten. Die frühchristliche Siedlung in luftiger Höhe wurde zwischen dem 6. und 8. Jahrhundert von Anhängern des heiligen Finnian gegründet und bestand 500 bis 600 Jahre. Zwölf Mönche lebten ganzjährig auf dem kargen Felsen, der seit 1996 UNESCO Weltkulturerbe ist.

TIPP

Moorings Guesthouse in Portmagee – hier logierte das Team von „Star Wars".

Die Überfahrt auf dem kleinen Boot für maximal zwölf Personen ist selbst bei ruhiger See rau und gleicht mitunter einer Achterbahnfahrt. Die steilen Treppen, die von den Mönchen angelegt wurden, sind ausgetreten und verwittert. Ein Geländer gibt es nicht, und zur rechten Seite fällt der Fels steil zum Meer ab. Gute Wanderschuhe, Kondition und Schwindelfreiheit sind ein Muss. Ist man jedoch erst einmal oben, fühlt man sich wie an einem mystischen Ort. Der Ausblick ist überwältigend, der Friede ringsum himmlisch. Man hört nur das Rauschen des Atlantiks, das Geschrei der Seevögel und ist dem Rest der Welt so fern. Kein Wunder, dass sich die Mönche und der letzte Jedi hierher zurückzogen.

- Skellig Michael, Portmagee, County Kerry
- Skellig Island Tours, Portmagee, County Kerry, www.skelligislands.com

Ein Buchladen zum Verlieben

17 Tertulia – A bookshop like no other, Westport

Man tritt durch die Tür und fühlt sich augenblicklich in ein literarisches Wohnzimmer versetzt. Für dieses Bild sorgen ein von maritimen Skulpturen flankierter Spiegel zwischen Bücherregalen, ein Ledersofa, bequeme Sessel und gerahmte Bilder an den Wänden neben und über den gut bestückten Bücherregalen. In der Mitte des Raumes befindet sich ein Büchertisch auf Rollen mit Neuerscheinungen und älteren Titeln. Ein Anblick, der das Herz jedes Bücher-Nerds und jeder Leseratte höherschlagen lässt – dank einer Kinderecke auch das der Kleinen. Diese ist im Harry-Potter-Stil gestaltet, denn die Buchreihe um den jungen Zauberer ist so beliebt wie eh und je. Cineasten kommen in der kleinen Film-Ecke auf ihre Kosten, Kaffee-Fans in der Coffee Corner, die sich hinter einer bunt angemalten Theke befindet. Durch das Schaufenster blickt man auf die Bucht.

TIPP
Lecker essen in The Gallery – Wine & Tapas Bar, 9 Brewery Place, Westport

„A bookshop like no other" wollte das dialogfreudige Ehepaar Brid Conroy und Neil Paul mit ihrem kleinen, mit Vielfalt und Individualität eingerichteten Buchladen schaffen – einen Ort, an dem Buchbegeisterte zusammenkommen, um zu schmökern, über Literatur, das Leben und Gott und die Welt zu plaudern. Den passenden Namen steuerte ein spanisch sprechender Freund bei. Tertulia – so bezeichnete man in Spanien und Lateinamerika vor allem zwischen 1850 und 1950 stammtischartige Treffen künstlerischer oder intellektueller Art. Wer den Laden betritt, ist willkommen und darf in Büchern blättern, schnuppern und lesen, solange er oder sie will. Es gibt keinen vorwurfsvollen Blick, wenn man ewig lange in der Ecke sitzt, probeschmökert und am Ende kein Buch kauft. Was allerdings selten passiert, denn man findet immer ein Buch, von dem man gar nicht wusste, dass man es haben wollte.
Fast immer ergibt sich ein Gespräch mit Brid oder Paul. Letzterer war lange Jahre in der Filmbranche tätig – viele Artefakte zwischen den Bücherregalen stammen von Filmsets.
Tertulia wurde 2021 als „Bester unabhängiger Buchladen in Irland" ausgezeichnet.

● Tertulia, Unit 2, The Harbour Mill, The Quay, Westport, County Mayo, Tel. +3 53 (85) 8 62 01 58, www.tertuliabookshop.com

ookshop Like no othe
STALINGRAD
MAYO
Fostering the joy of reading early

Im Kurvenglück

18 Healy Pass, Ring of Beara

Wie ein monumentaler Finger ragt die bergige Beara Peninsula in den Atlantik. Rund um die Halbinsel schlängelt sich die Panoramaküstenstraße Ring of Beara, die im Uhrzeigersinn von Glengarriff an der Bantry Bay auf knapp 150 Kilometern nach Kenmare im County Kerry führt – vorbei an steilen, zerklüfteten Klippen, tiefen Schäreneinschnitten, schroffen Felsbuchten und Stränden. Eine einsame Landschaft, die mit jedem Kilometer Wow-Effekte erzeugt. Der spektakulärste Abschnitt am Ring of Beara beginnt beim Dörfchen Adrigole an der Straßengabelung R572 und R574, wo der Healy Pass über die Caha Mountains und quer über die Halbinsel führt. In Serpentinen windet sich der schmale, wenig befahrene Gebirgspass auf 330 Meter Höhe hinauf – knapp 13 Kilometer Kurvenglück voller atemberaubender Ausblicke auf Berge, grüne Täler, kleine Wasserfälle und tiefblaue romantische Seen.

TIPP

Derreen Garden in Lauragh – ein Juwel für alle, die Gärten lieben.

Langsames Fahren ist angesagt. Nicht nur wegen der Landschaft, von der man keinen Meter verpassen möchte, sondern weil hinter jeder Kurve plötzlich ein Schaf auf der Fahrbahn auftauchen könnte. Manchmal passiert es, dass der wollige Vierbeiner mitten auf der Straße sitzt und keine Anstalten macht, aufzustehen. Hier ist Geduld gefragt – früher oder später erhebt sich das Tier und trottet auf die Wiese zurück. Die einspurige Strecke ist gespickt mit kleinen Ausbuchtungen für den Gegenverkehr, die auch hervorragend als Aussichtspunkte geeignet sind. Von hier aus bietet sich ein hervorragender 360-Grad-Blick über die Beara Halbinsel. Auf dem höchsten Punkt, wo sich die beiden Countys Cork und Kerry treffen, informiert eine Tafel über den Healy Pass. Die Passstraße zwischen den Örtchen Adrigole und Lauragh entstand 1847 als Kerry Pass und war nicht mehr als ein Eselspfad. In den 1920er-Jahren setzte sich Timothy Michael Healy, erster Generalgouverneur des Irischen Freistaates dafür ein, dass der Pass zu einer befahrbaren Straße ausgebaut wurde. Nach seinem Tod 1931 wurde die Straße in Healy Pass umbenannt.

● Healy Pass, Beara-Halbinsel, West Cork, County Cork

It's Teatime!

19 Kilronan Castle, Ballyfarnon

Nachmittagstee im Schloss am Ufer des Lough Meelagh – man gönnt sich ja sonst nichts! Am Fenster mit Blick aufs Wasser oder an kalten Tagen am knisternden Kaminfeuer ist die Teestunde noch mal so schön. Serviert wird auf einer Etagere eine hübsch angerichtete Auswahl an herzhaften und süßen Köstlichkeiten. Dazu gehören die obligatorischen frisch gebackenen Scones mit Clotted Cream und hausgemachter Marmelade, Muffins und Sandwiches mit geräuchertem Lachs und irischem Cheddar. Weitere Leckereien sind Macarons, Mousse und Pies. Dazu wird der traditionelle Irish Breakfast Tea in feinsten Porzellantassen gereicht, und wie es sich zur Teatime gehört, bestellt man sich ein Gläschen Champagner dazu.

Dass es den Afternoon Tea gibt, ist Lady Anna Maria Stanhope, Herzogin von Bedfordshire, zu verdanken, der die Wartezeiten zwischen Lunch und Dinner zu lang waren. Um ihren knurrenden Magen zu beruhigen, bat sie ihr Personal, ihr am Nachmittag Tee und kleine Häppchen zu servieren. Wie gut, dass der 4. Earl of Sandwich 1762 die gleichnamige Zwischenmahlzeit erfunden hatte. Freundinnen taten es ihr gleich, und so kam die Teatime um 1840 in England in Mode und avancierte bald zu einem schicken sozialen Event der Upper Class. Nach Irland schaffte es die Teatime in der ersten Hälfte des 20. Jahrhunderts, als elegante Hotels damit begannen, am Nachmittag Tee mit Sandwiches, Scones und Kuchen zu servieren.

TIPP

Warum nicht mal im Kilronan Castle Hotel übernachten?

Kilronan Castle entstand um 1820 für die anglo-irische Tenison-Familie und wurde in den 1880er-Jahren vom eingeheirateten 8. Earl of Kingston auf seine heutige Größe erweitert. Letzter nobler Besitzer war der 9. Earl of Kingston, der dem Landleben nichts abgewinnen konnte und das Interieur versteigern ließ. Das Schloss stand leer und war dem Verfall preisgegeben, bis es von der irischen Hanly Group in den Jahren 2006 bis 2007 renoviert und in ein luxuriöses Viersterne-Hotel mit viel Flair verwandelt wurde.

● Kilronan Castle, Ballyfarnon, County Roscommon, Tel. +3 53 (71) 9 61 80 00
www.kilronancastle.ie/afternoon-tea

Der Glücksbringer

20 Proleek Dolmen, Halbinsel Cooley

Der Legende nach forderte irgendwann in grauer Vorzeit der schottische Riese Parrah Boug McShagean seinen irischen Rivalen Fionn Mac Cumhaill zu einem Kampf heraus. Dazu kam er mit einem 40 Tonnen schweren Stein bewaffnet übers Meer nach Irland. Fionn, der keine Lust hatte, sich dem Kampf mit dem mächtigen Schotten zu stellen, vergiftete den nahen Fluss, denn er war sich sicher, dass Parrah daraus trinken würde. Dieser war nach der langen Reise durstig, trank und fiel tot um, noch bevor es zu einem Kampf der Giganten kommen konnte. Um die Spuren zu verwischen, begrub Fionn den Schotten in einem Keilgrab in der Nähe und legte den monumentalen Stein, mit dem der schottische Rivale gekommen war, obendrauf. Tatsächlich ist der Dolmen, ein aus großen Steinblöcken errichtetes Grab, nicht die letzte Ruhestätte eines Riesen.

TIPP
Lunch, Tee oder Kaffee in der stylischen Terrace Bar des Ballymascanlon Hotels

Dieser als „Giant's Load" bekannte 3,8 Meter hohe Proleek Dolmen auf der Cooley Halbinsel ist Wissenschaftlern seit Jahrhunderten ein Rätsel. Bisher war niemand dazu in der Lage, die Frage zu beantworten, wie es den Menschen in der Jungsteinzeit gelungen sein könnte, einen schätzungsweise 40 Tonnen schweren Deckstein auf drei aufrechtstehenden Steinen so zu positionieren, wie er dort seit 5000 Jahren liegt. Menschenkraft allein reichte dafür nicht aus. Ein Wunder der Natur? Ein Stein, der vom Himmel fiel? Oder gab es den schottischen Riesen etwa doch? Man wird das Geheimnis um die Position des gigantischen Steins wohl nie lösen. Wer es schafft, drei Kiesel auf den Stein zu werfen, ohne dass diese wieder herunterpurzeln, dem ist Glück beschieden, so die Legende. Eine andere örtliche Legende besagt, dass jeder, der noch unvermählt ist, innerhalb eines Jahres heiraten wird – sofern die Kiesel auf dem Stein liegen bleiben, was gar nicht so einfach ist, denn der Stein liegt schräg, seine Oberfläche ist gewölbt. Einige haben es geschafft, wie die Steinchen, die auf dem Dolmen liegen, verraten.

● Proleek Dolmen, Ballymascanlon Hotel, Carlingford Road, Dundalk, Cooley Peninsula, County Louth

Wellness auf Irisch

21 Kilcullen's Seaweed Baths, Enniscrone

Zugegeben, es kostet Überwindung, in die dunkle Brühe aus Algen und erwärmtem Meerwasser zu steigen, aber liegt man erst mal in der Wanne, durchströmt ein wohliges Gefühl den Körper. Ein Wannenbad in Meeresalgen ist eine Verwöhnpause ohnegleichen: Es dient der Entspannung, wirkt entgiftend, durchfeuchtet die Haut und macht sie seidenweich. Nach einer Stunde im Algenbad, dessen Duft an einen Spaziergang am Meer erinnert, fühlt man sich wie neu geboren. Für die wohltuenden Bäder wird bei Kilcullen's Meerwasser bei Flut in große Tanks auf dem Flachdach gepumpt und mit Dampf erhitzt, bevor es in die Emaille-Badewanne gefüllt wird. Die zugefügten Algen werden täglich von Hand an einem nahen Küstenabschnitt geerntet und vor dem Wurf ins Badewasser mit einem Dampfstrahl gereinigt.

Bäder in heißem Meerwasser kamen an der Küste im Westen Sligos bereits in den 1850er-Jahren in Mode, die Zugabe von frischem Seetang war bald wichtiger Bestandteil. Das erste Badehaus in Enniscrone entstand 1870. Um die Jahrhundertwende boten die meisten Resorts an der Westküste die heiß begehrten Algenbäder an. Die Familie Kilcullen kam 1912 nach Enniscrone und eröffnete im selben Jahr „Kilcullen's Modern Bath House", das heute von der vierten Generation geleitet wird.

In den Anfangstagen kamen vor allem von Rheuma und Arthritis geplagte Menschen ins Badehaus, denn das warme Algenbad linderte die Schmerzen. Das Geschäft boomte. Von der Süd- bis zur Nordwestküste gab es mehrere Hundert Algenbäder. Als diese in den 1970er-Jahren plötzlich als altmodisch galten und die Kundschaft ausblieb, schloss ein Badehaus nach dem anderen. Am Ende gab es in ganz Irland nur noch zwei Algenbäder. Eines davon war Kilcullen's. Die Familie renovierte das alte Badehaus und benannte es in „Kilcullen's Seaweed Baths" um – passenderweise zu dem Zeitpunkt, als in der 1990er-Jahren der Begriff Wellness aus den USA nach Europa schwappte, bald in aller Munde war und Algenbäder plötzlich wieder in Mode kamen.

● Kilcullen's Seaweed Baths, Cliff Road, Carrowhubbuck South, Enniscrone, County Sligo, Tel. +3 53 (96) 3 62 38, www.kilcullenseaweedbaths.net

Sprung in die Vergangenheit

22 MacCarthy's Bar, Castletownbere

Es ist, als begäbe man sich mit dem Schritt über die Türschwelle in eine Zeit, als ein Pub nicht nur Stätte der Kommunikation und Umschlagplatz von Neuigkeiten war, sondern in kleinen Ortschaften und ländlichen Gegenden gleichzeitig als Tante-Emma-Laden fungierte. Als solchen gründete Michael McCarthy 1860 in Castletownbere „McCarthy's Bar and Grocery". Warum und wann das „a" zwischen das ursprüngliche Mc schlüpfte, ist nicht bekannt und tut der Berühmtheit des Pubs keinen Abbruch, seit der 2004 verstorbene Autor und Comedian Pete McCarthy ihm im Jahr 2000 mit seinem Bestseller „McCarthy's Bar" ein Denkmal gesetzt hat. Dabei wird das Pub in dem 372 Seiten langen Buch, das den Untertitel „A Journey of Discovery in Ireland" trägt, gerade mal auf vier Seiten erwähnt. Der Brite mit irischer Mutter nimmt die Leser und Leserinnen in seinem humorvollen Werk mit auf einen rasanten Streifzug quer durch Irland. MacCarthy's Bar beschreibt er so: „Die vordere Hälfte ist ein Lebensmittelladen mit Sitzplätzen für Trinker; die hintere Hälfte ist eine Bar mit Lebensmitteln." Es hat sich nichts verändert. Der „Kühlschrank voller Milchprodukte" enthält immer noch Milch, Eier, Käse und Butter, heute aber auch Weißwein und Prosecco. Die Lebensmittelregale sind vollgestopft mit allerlei Produkten. Dass die Kneipe in dem knapp 900 Einwohner zählenden Örtchen auf der Beara Halbinsel auf der Bucket List vieler Irland-Fans aus aller Welt steht, ist einzig der Tatsache zu verdanken, dass sie vom Cover des Buches prangt und dieses den Namen der Bar trägt, wenn auch ohne „a" im Mc. Ein signiertes Poster mit dem Buchcover hängt an der Wand, ebenso wie unzählige Postkarten von Fans der urigen Kneipe. Man kommt schnell mit anderen Gästen und der Wirtin ins Gespräch, erfährt viele kleine Anekdoten aus der Geschichte des Pubs und dass der irische Schauspieler Colin Farrell auch öfter mal vorbeischaut, wenn er in der Gegend ist.

TIPP

Ausflug mit der Fähre ab dem Hafen in Castletownbere auf das Inselidyll Bere Island

● MacCarthy's Bar, The Square, Castletownbere, County Cork, Tel. +3 53 (27) 7 00 14
www.maccarthysbar.com

Spektakuläre Inselaussichten

23 Auf dem Boot durch die Clew Bay

Der Glücksort befindet sich auf dem Oberdeck neben dem Steuerhaus, denn hier verpasst man garantiert nichts, wenn das Boot gemächlich durch die spektakulärste Bucht der Westküste schippert. Der Legende nach soll es hier 365 Inseln geben, eine für jeden Tag des Jahres. Nach offizieller Zählung sind es jedoch nur 117 sogenannte Drumlins – kleinere und größere grasbewachsene Hügel, die aus dem Atlantik ragen. Die meisten werden von Kormoranen, Robben und Sturmtauchern bewohnt, auf einigen grasen Schafe, auf anderen stehen verlassene Gebäude. Das Schiff fährt so nah an die Robben heran, dass man ihnen direkt in die Augen schauen kann.

Zu fast jeder Insel ertönt eine Geschichte aus dem Lautsprecher. Bekanntestes Eiland ist Dorinish, das John Lennon 1967 für 1.700 Pfund erwarb (nach heutigem Wert ca. 28.000 Pfund), um sich einen Rückzugsort zu schaffen. Nur einen Sommer soll er hier mit seiner Familie verbracht haben, drei Jahre später ließ er den britischen Friedensaktivisten Sid Rawle auf der Insel eine Hippie-Kommune errichten. Yoko Ono verkaufte Dorinish nach Johns Tod für 30.000 Pfund und spendete den Erlös an ein irisches Waisenhaus.

TIPP
Im Clewbay Heritage Centre am Pier in die Geschichte eintauchen

Im 16. Jahrhundert war die Clew Bay Heimat der legendären irischen Piratenkönigin Grace „Granuaile" O'Malley – hier ankerte sie ihre Flotte aus 20 Schiffen. An der Südküste der Bucht ragt der Croagh Patrick 764 Meter in den Himmel. Auf dem steilen Berg soll der heilige Patrick im Jahr 441 vierzig Tage lang gebetet und gefastet, anschließend seine Handglocke geläutet und ins Meer geschleudert haben. Sämtliche Schlangen Irlands seien der Glocke gefolgt und im Meer ertrunken, so die Legende. Tatsächlich gibt es auf der gesamten Insel Schlangen nur im Zoo. Am letzten Sonntag im Juli pilgern Tausende Gläubige aus dem ganzen Land auf den Gipfel des heiligen Berges und gedenken ihrem Nationalheiligen. Man kann sich an der Schönheit der Bucht kaum sattsehen und möchte die erlebnisreiche Fahrt am liebsten noch einmal machen.

- Clew Bay, County Mayo
- Westport Cruises, The Harbour, Westport, County Mayo
www.westportcruises.com

Grüne Glücksoase

24 Schlosspark Birr Castle

Man betritt die weitläufige Garten- und Parklandschaft, befindet sich inmitten eines hortikulturellen Elysiums und stellt sich die Frage: Wohin zuerst? Geradeaus, nach rechts oder nach links? Egal, welche Richtung man einschlägt, unterwegs stößt man immer wieder auf kleinere verzweigte Wege und steht erneut vor der Qual der Wahl. Ein Pfad scheint prächtiger als der andere – ein verträumtes Eckchen hier, ein verwunschener Winkel dort. Es duftet, es plätschert, Vögel zwitschern von den Bäumen, Schmetterlinge flattern von Blume zu Blume. Abseits der größeren Wege trifft man kaum auf eine Menschenseele, sodass der eingeschlagene Pfad mitunter zu einer privaten grünen Ruheoase wird. Da neben der Pflanzenpracht Wasser ein herausragendes Merkmal im Park ist, ist man nie weit von kleinen Seen, Bächen und stillen Flüsschen entfernt.

TIPP

Im Park steht das gigantische „Leviathan", bis 1917 das größte Teleskop der Welt.

Das gigantische Gartenparadies rühmt sich einer unglaublichen Vielfalt seltener Pflanzen, welche die Besitzer von Birr Castle, die Earls of Rosse, in den vergangenen 150 Jahren von ihren Reisen um die Welt mitbrachten. Mehr als 5000 Pflanzenarten und Bäume sind im Park beheimatet, darunter die größten Buchsbaumhecken der Welt – mit ihren 12 Metern Höhe haben sie es ins Guinness-Buch der Rekorde geschafft. Auf dem Red Tree Trail, der sich auf 5 Kilometern durch den Park schlängelt, befinden sich 65 außergewöhnliche Bäume, unter anderem ein Exemplar des 1941 in China entdeckten Urweltmammutbaums. Zu den jüngsten „Pflanzenjagdexpeditionen" der gräflichen Familie gehören Bhutan, China, Iran, Kirgisistan, Pakistan, Südafrika und Neuseeland. Am Rande des Parks steht das prächtige Birr Castle, Stammsitz der Parsons, denen im 18. Jahrhundert der Titel Earl of Rosse verliehen wurde. Das 1620 errichtete Schloss wird heute vom 7. Earl of Rosse und seiner Familie bewohnt. Etwas Trivia: Der Earl ist der Halbbruder des 2017 verstorbenen Lord Snowdon, der mal mit der englischen Prinzessin Margaret verheiratet war.

● Birr Castle Demesne, Rosse Row, Birr, County Offaly, www.birrcastle.com

Wünsch dir was

25 St Brigid's Holy Well, Kildare Town

Gläubig oder nicht, die Iren glauben an die Kraft der heiligen Brunnen. Ob Haarausfall, Krankheit, Probleme jeglicher Art oder was sonst im Leben schiefläuft, ein Gebet am Holy Well hilft. Nach Zählungen soll es im ganzen Land über 3000 heilige Quellen geben. Die Gewässer sind nach den unzähligen irischen Heiligen benannt – und auf diese lassen die Iren nichts kommen. Gibt es doch einen Heiligen oder eine Heilige für jede Sache und alle Unbill des Lebens. Der Brunnen in Kildare ist der heiligen Brigid of Kildare geweiht, die zu Lebzeiten Wunder bewirkt haben soll – anscheinend konnte sie Wasser in Bier verwandeln und Salz aus einem Felsen gewinnen. Neben Columban und Patrick ist sie die Schutzheilige Irlands und Schutzpatronin vieler Dinge, darunter Poesie, Heilung, Schutz, Schmiedekunst, Viehzucht und Milchproduktion. An den Zweigen des Baums am Brunnen hängen farbige Stoffstreifen, die von Bittsuchenden hinterlassen wurden in der Hoffnung, der jeweilige Wunsch möge sich erfüllen.

In der irischen Mythologie werden Brunnen und Quellen als aus der Anderswelt stammend dargestellt – jener parallelen Dimension, deren Bewohner die Macht haben, die Naturkräfte dieser Welt zu kontrollieren. Die Menschen glaubten, dass das Trinken aus diesen heiligen Gewässern oder das Baden in ihnen die Kraft der Anderswelt in Form von Inspiration, Weisheit oder Heilung verleihen würde. Im vor- und frühchristlichen Irland gehörte es zu den Ritualen der Quellenpilger, nach dem Waschen, Baden oder Trinken aus dem heiligen Gewässer einen Stoffstreifen – einen Clootie – an den Baum daneben zu binden. Die Bittsuchenden glaubten, dass diese Praxis Krankheiten in das zurückgelassene Tuch treiben würde. Dieser Brauch wurde bis heute beibehalten. Vielerorts sieht man an den Ästen von Bäumen rund um die Quelle oder den Brunnen Stofffetzen, Taschentücher, Socken oder andere Textilien. Am St Brigid‘s Well sollen sich schon Wünsche erfüllt haben. Stoffspende vorausgesetzt.

● St Brigid's Holy Well, Tully, Kildare Town, County Kildare

Den Kopf freipusten lassen

26 Spaziergang auf dem Pier von Dún Laoghaire

Wer im Hafenstädtchen südlich von Dublin lebt, schwört, dass ein Spaziergang auf dem East Pier frei und glücklich und alle Sorgen vergessen macht. Über 1.300 Meter ragt der Pier ins Meer, am Ende der Strecke steht ein Leuchtturm. Auf halbem Weg steht passend zur Farbe der Irischen See ein hellblau gestrichener Musikpavillon aus dem Jahr 1890. Die einzigen Geräusche, die man hört, sind das sanfte Klirren der Boote und das Rauschen des Meeres, das sich mit Möwengeschrei vermischt. Je weiter man auf den Pier hinausläuft, desto windiger wird es, desto lauter krachen die Wellen an die Felsen und desto freier wird der Kopf. Alle Sorgen, Bekümmernisse und der Rest der Welt scheinen endlos weit weg. Rechts erkennt man in der Ferne Sandycove und den Martello Tower, zu dem die über 2,5 Kilometer lange Promenade führt, über die Liam Neeson im Film „Michael Collins" als selbiger spaziert. Als die beiden Komiker Oliver Hardy und Stan Laurel (Dick und Doof) 1953 im Olympia Theatre in Dublin auftraten, wohnten sie im Royal Marine Hotel in Dún Laoghaire. Die beiden verliebten sich in den Ort und den Pier und verlängerten ihren Aufenthalt über ihr Bühnen-Engagement hinaus. Das Hotel aus dem Jahr 1865 thront auf einer Anhöhe über dem Städtchen und ähnelt mit seinen Pastellfarben, dem Turm und den prachtvollen Säulen den alten Hotelpalästen an der Côte d'Azur. Mit dem Hardy's Bar Bistro und der Laurels Bar hat das Hotel zwei seiner Bars nach den beiden Schauspielern benannt.

Dún Laoghaire ist nach dem irischen Hochkönig Lóegaire Mac Néill benannt, der das Hafenstädtchen im 5. Jahrhundert als Seestützpunkt nutzte. Als die Engländer Irland besetzten, anglisierten sie den Namen in Dunleary und benannten ihn 1821 zu Ehren von King George IV. in Kingstown um. Nach der Unabhängigkeit Irlands erhielt der Ort 1921 wieder seinen ursprünglichen Namen, der im Irischen „Dun Liery" ausgesprochen wird.

TIPP
Statt mit der DART mit dem Boot von Dublin nach Dún Laoghaire: www.dublinbaycruises.com

- Pier von Dún Laoghaire, County Dublin
- ÖPNV: DART ab Connolly Station, North Dock bis Dún Laoghaire, dann nur wenige Gehminuten bis zum Pier

Die Macht der Geschichten

27 Irish Storytelling im Stag's Head, Dublin

Es braucht keinen mystischen Ort, um sich auch im quirligen Dublin für kurze Zeit in die Welt der Fantasie katapultieren zu lassen. Dazu reicht die lauschige Atmosphäre in einem Pub aus viktorianischer Zeit, während „Storytellers“ die Anwesenden mit Geschichten aus längst vergangenen Zeiten in ihren Bann ziehen. It's story time im Stag's Head!

Die Iren sind wunderbare Geschichtenerzähler. Kein Wunder, ist die Tradition des Geschichtenerzählens doch fast so alt wie das Land selbst. Die Geschichten und Legenden der Kelten, die Irland um 300 v. Chr. besiedelten, wurden von Generation zu Generation weitergegeben. Die mündliche Überlieferung war so sehr Teil ihrer Kultur, dass sie für ihre gesamte Lebensweise repräsentativ wurde. Barden lernten Unmengen an Gedichten und Liedern auswendig, die sie vor Publikum aufführten. Die singenden Dichter entwickelten sich zu „Shanachies“, den traditionellen irischen Geschichtenerzählern, welche die Tradition der mündlichen Überlieferung bis heute fortsetzen.

TIPP

Freitag- und samstagabends spielt im Stag's Head die Musik – Irish Trad vom Feinsten.

Im alten Irland standen Shanachies (irisch Seanchaí, sprich Shan-a-ki) traditionell im Dienst der Stammesfürsten und sammelten wichtige Informationen für deren Clans. Sie waren der Schlüssel zur Vergangenheit der Kultur und ihren wichtigsten Erinnerungen und Traditionen. Viele Shanachies reisten von einer Gemeinde zur anderen und boten im Austausch für Kost und Logis ihre Geschichtenerzählkunst an. Da sie auf Anhieb alte Überlieferungen rezitieren konnten, waren sie inselweit beliebt. Heute sind die Geschichtenerzähler ein wichtiges Bindeglied im keltisch-irischen Kulturerbe und erwecken alte Geschichten zum Leben. Die überlieferten Legenden handeln von geschichtlichen Ereignissen und realen Personen: von der Invasion der Wikinger, der Einführung des Christentums und der englischen Besatzung des Landes, aber auch von Fabelwesen, Feen und Wesen aus der Anderswelt. Fakten werden dabei fantasievoll erweitert und wortgewaltig ausgeschmückt.

● The Stag's Head, 1 Dame Ct, Dublin 2, Tel. +3 53 (86) 8 26 53 12, Buchung unter: www.irishfolktours.com
● ÖPNV: Bus 140, Haltestelle Dame Street

STAG'S HEAD
THE STAG'S H

In glamourösen Fußstapfen

28 Die Gärten von Lismore Castle

„Willst du ein paar Tage glücklich sein, gönne dir einen Rausch. Willst du dein Leben lang glücklich sein, gönne dir einen Garten", lautet eine irische Gärtnerweisheit. Dieser Meinung war auch der englische Politiker Richard Boyle, der Lismore Castle 1602 vom in Ungnade gefallenen Sir Walter Raleigh erwarb und 1605 den oberen Garten anlegen ließ. Im 18. Jahrhundert ging das Schloss durch Heirat an William Cavendish, Herzog von Devonshire, und befindet sich bis heute im Besitz der Cavendishs, die den unteren Garten im 19. Jahrhundert mit Magnolien gestalten ließen. Rund um das Schloss befinden sich ein prachtvolles Blumen- und Blütenmeer aus Kamelien und Rhododendren, eine Eibenallee und zahlreiche moderne Skulpturen, darunter auch zwei Teile aus der Berliner Mauer.

TIPP

Vor dem Schloss findet sonntags der Lismore Farmers & Craft Market statt.

Charles Cavendish, Sohn des 9. Herzogs von Devonshire, brachte 1932 Hollywood nach Lismore Castle, als er die Tänzerin und Schauspielerin Adele Astaire heiratete, Schwester des legendären Fred Astaire. Dieser war häufiger Gast und brachte andere Hollywoodgrößen mit in das verschlafene Städtchen am Blackwater. Adele nannte die Gärten die schönsten in Irland. 1944 starb Charles Cavendish, seine Witwe kehrte zurück in die USA, und eine andere Amerikanerin hielt Einzug auf Lismore Castle: Kathleen „Kick" Kennedy, JFKs Lieblingsschwester, heiratete William „Billy" Cavendish, der aber schon wenige Monate nach der Hochzeit an der Front in Belgien fiel. Als JFK 1947 in Irland weilte, wohnte er bei seiner Schwester auf Lismore Castle und soll viel Zeit mit Spaziergängen in den üppig blühenden Gärten verbracht haben. Adele Astaire logierte bis 1979 jährlich für drei Monate im Schloss. Ihrem letzten Wunsch gemäß wurde nach ihrem Tod ein Teil ihrer Asche über den Gärten von Lismore Castle verstreut. Das Schloss ist in Privatbesitz der Cavendishs und kann nicht besichtigt werden. Die Gärten sind jedoch der Öffentlichkeit zugänglich.

● Lismore Castle Gardens, Lismore, County Waterford, www.lismorecastlegardens.com

Kunst mal anders

29 The Ewe Experience, Glengarriff

Ein Schaf in grünem Pulli und rotem Rock sitzt am Kaffeetisch, eine meterhohe Spinne spinnt ihr Netz zwischen Bäumen, gigantische Schnecken lugen aus dem Gras und die Augen eines monumentalen Gesichts spähen durchs Gebüsch. Fische springen aus einem Bach, der über bemooste Steine rauscht, ein Wasserfall tost über Kaskaden, eine Forelle fährt Fahrrad und ein Schwein räkelt sich in der Badewanne. Skulptur trifft auf Natur. Auf den von Bäumen überdachten verwinkelten Wegen begegnet man zwischen Farn, wild wachsenden Blumen und anderem fast dschungelhaftem Bewuchs allerlei kuriosen und schelmisch dreinblickenden Kreaturen. Zwischen den Skulpturen und Pflanzen befinden sich Tafeln mit Gedichten und Gedanken zur Umwelt, die zum Nachdenken anregen.

TIPP
Kaffee und Kuchen im Sugarloaf Cafe in der Main Street in Glengarriff

Dass es hier so üppig grünt, ist der Tatsache zu verdanken, dass das Klima im südlichsten County des Landes vom Golfstrom beeinflusst wird. Es herrschen milde Temperaturen wie sonst nirgendwo auf der Insel, die im Winter nur selten unter 5 Grad fallen.

The Ewe Experience ist ein Garten der ganz besonderen Art, in dem man die Zeit vergisst, ins Träumen gerät und das Gefühl hat, in einer anderen Welt unterwegs zu sein. Geschaffen wurde Irlands einziger interaktiver und interpretativer Skulpturengarten von der Künstlerin Sheena Wood und ihrem Mann, dem dänischen Journalisten Kurt Lyndorff, der lange als Korrespondent in Lateinamerika und dem Nahen Osten unterwegs war, bevor er sich der „Gartenarbeit" widmete. Zwei Jahre lang gestalteten die beiden das 113 Hektar große weitläufige, sich einen Berg hinaufziehende Waldgebiet, bevor sie es 2004 als Ewe Experience eröffneten. Ewe, das wie „you" klingt, heißt übersetzt „Mutterschaf".

Für die wunderlichen Skulpturen verwendet Sheena Keramik, Kupfer, Stahl, Glas und Naturmaterialien, die sie im Wald findet, sowie Ausrangiertes oder Müll, wie die Gruppe aus Geistern, die sie aus Milchplastikflaschen schuf.

● The Ewe Experience, Kenmare Road (N71), Glengarriff, County Cork, Tel. +3 53 (0) 2 76 38 40, www.theewe.com

Weihnachten im August

30 Christmas Shop bei Brown Thomas, Dublin

Wozu die Hektik im Dezember? Wer im August seine Weihnachtseinkäufe erledigt, kommt relativ stressfrei durch die Adventszeit. Aus diesem Grund öffnet Brown Thomas bereits Mitte August seinen traditionellen „Christmas Shop" im Obergeschoss. Viele Dublinerinnen fiebern diesem Termin schon Ende Juli entgegen und können es kaum erwarten, durch die Weihnachtswunderwelt mit einzigartigem Baumschmuck, weihnachtlichen Wohnaccessoires bis hin zu kulinarischen Leckereien und Geschenkartikeln zu schlendern. Es funkelt, es glitzert und duftet, und im Nu ist man mitten im kühlen Dubliner Hochsommer vom Zauber der Vorweihnachtszeit umgeben. „We are the magicmakers and we are the dreamer of dreams" ist das Motto von Brown Thomas. Fehlt nur noch die passende Musik. Diese klingt allerdings erst ab Mitte Oktober aus den Lautsprechern. Dann, wenn auch die offizielle Weihnachtsdeko in den Schaufenstern des Nobelkaufhauses leuchtet.

TIPP

Lunch in Brown's Brasserie im 3. Stock des Kaufhauses

Zu den Kunden zählen zahlreiche Weihnachtsverrückte aus den USA, die ihren Baum zu Hause mit typisch irischer Weihnachtsdeko schmücken möchten. Tatsächlich gibt es einen solchen Run auf den Shop, dass bereits Mitte November die meisten Artikel ausverkauft sind. Am begehrtesten sind die mit 200 Lichtern versehenen künstlichen Weihnachtsbäume – wer bis Ende September noch keinen hat, bekommt auch keinen mehr.

Dublins ältestes Kaufhaus wurde 1848 von Hugh Brown und James Thomas gegründet. Der Name Brown Thomas war von Beginn an gleichbedeutend mit Luxus, Integrität und Schönheit. Ob Beauty, Mode, Wohn- oder Geschenkartikel, auf vier Etagen und 12.000 Quadratmetern wird man fündig. Hier sind alle großen Designer vertreten, es wird aber auch nicht ganz so teure Markenkleidung angeboten. Ganz wie zu Anfangstagen, hat Brown Thomas noch immer einen Türsteher in Mantel, Zylinder und Handschuhen, der Kundinnen galant die Tür öffnet, wenn sie vollbeladen sind und keine Hand freihaben.

- Brown Thomas, 88 Grafton Street, Dublin 2, www.brownthomas.com
- ÖPNV: LUAS Green Line, Haltestelle St. Stephen's Green

MERRY CHRISTMAS
CHRISTMAS SHOP

Mystischer Kraftort

31 Hill of Tara

Steht man auf dem Hügel und schließt die Augen, tritt augenblicklich eine tiefe Entspannung ein und eine ungekannte Verbundenheit mit der Natur. Der Mythologie nach herrschten auf Tara einst Druiden, die Priester der Kelten. Spätestens ab dem 3. Jahrhundert n. Chr. galt Tara als das wichtigste politische und religiöse Zentrum des Landes. Hier hielten die irischen Hochkönige Hof und trafen sich alle drei Jahre mit Priestern, um Gesetze zu erlassen. Den einst magischen Ort kann man bestenfalls erahnen, denn steht man davor, ist er wenig mehr als eine grüne Erhebung. Lediglich aus der Vogelperspektive sind die ringförmigen, von Gras überwucherten Erdwälle, die einer liegenden Acht ähneln, deutlich zu erkennen. In einem der beiden Kreise der Acht steht der alte Krönungsstein Lia Fáil. Der Legende nach entschied nicht der Stammbaum die Thronfolge, sondern der Schicksalsstein. Setzte ein „Kandidat" seinen Fuß auf den Stein und dieser brüllte vor Freude, war der rechtmäßige König von Tara gewählt. Der Stein gab natürlich keinen Mucks von sich, und tatsächlich stammten die Könige von Tara aus dem dort ansässigen Clan der O'Néills. Was der Magie des Ortes keinen Abbruch tut. Bis zur Invasion der Anglo-Normannen im Jahr 1169 wurden über 140 Könige auf dem Lia Fáil gekrönt.

TIPP

Mehr zur Geschichte gibt es im Visitor Centre unterhalb des Hügels.

Der heilige Patrick soll im 5. Jahrhundert König Lóegaire mac Néill auf dem nahe gelegenen Hill of Slane zum christlichen Glauben bekehrt haben. Eine Legende besagt, dass der König stehend mit einem Schwert in der Hand auf dem Hill of Tara beigesetzt wurde, um noch im Tod seine Feinde in Schach halten zu können. Mit der Ausbreitung des Christentums verlor Tara an Bedeutung, behielt aber seinen symbolträchtigen Charakter. Diesen nutzte Daniel O'Connell, Gründervater des irischen Nationalismus, als es ihm am 15. August 1843 gelang, eine Million Menschen nach Tara zu mobilisieren, als er dort eine Rede hielt.

● Hill of Tara, Castleboy, County Meath

Lustwandeln

32 Bantry House & Garden

Es gibt keinen zweiten Garten im Land mit einem derartigen spektakulären Ausblick auf eine der schönsten Buchten der Insel, die Bantry Bay. Der Garten mit sieben zum Meer hin abfallenden Terrassen wurde im 19. Jahrhundert rings um das schlossähnliche Landhaus Bantry House angelegt – im italienischen Stil und in der Symmetrie dem Haus, das auf der dritten Terrasse thront, angepasst. Die vier weiteren Terrassen werden von der monumentalen, von Rhododendren und Azaleen flankierten Steintreppe „Hundred Steps" durchschnitten. Für den Aufstieg entschädigt ein phänomenaler Blick auf die volle Pracht des Bantry House, die über 160 Jahre alten Chinesischen und Japanischen Wisteria (Blauregen), immergrüne Magnolien, Hanfpalmen, asiatische Blüten-Hartriegel, Streifen-Ahorn und den großen Ginkgo. Unschlagbar der Blick auf die blau schimmernde Bucht und die kleine Insel Whiddy Island. Wie schön muss es sein, in einem Haus mit solch einer Aussicht zu leben. Ein wahrer Sehnsuchtsort.

TIPP

Wieso nicht mal eine Nacht im B & B des Bantry House verbringen?

Der Prachtsitz aus rotem Backstein ist seit 1739 Wohnsitz der anglo-irischen Familie Shelswell-White, aus der 1816 der 1. Earl of Bantry hervorging. Richard White, der 2. Earl of Bantry, ein leidenschaftlicher Reisender und Kunstsammler, brachte von seinen zahlreichen Reisen durch Europa kostbare Teppiche, flämische und französische Gobelins, Gemälde und Möbel mit, die sich noch heute im Haus befinden. Tatsächlich trug der Reisewütige so viele Schätze zusammen, dass das Haus im 19. Jahrhundert mit einem Anbau erweitert werden musste, um die Sammlung unterzubringen. Aufgrund fehlender männlicher Nachkommen starb der Adelstitel mit dem Tod des 4. Earl of Bantry 1891 aus, das Anwesen blieb jedoch in der Familie Shelswell-White. Diese öffnete das 49-Zimmer-Haus 1946 für die Öffentlichkeit und baute den Ostflügel 1987 in ein B & B um. Führungen finden täglich um 14 Uhr statt, man darf jedoch auch allein durch die Gemächer des nicht bewohnten Teils wandeln und sich des schönen Interieurs erfreuen.

● Bantry House & Garden, Bantry, County Cork, Tel. +3 53 (27) 5 00 47
www.bantryhouse.ie

Alles in Tweed

33

Magee of Donegal

Reinschlüpfen und sich wohlfühlen. Tweed-Jacken sind für das raue Klima an der irischen Nordwestküste wie gemacht. Die Schafe, die im Sommer für den Magee-Tweed ihr Wollkleid lassen, sind im County Donegal beheimatet. Hier, im nördlichsten Vorposten der Republik, wo mehr als 540.000 der über vier Millionen irischen Schafe leben, ist das Klima rauer und kälter als anderswo im Land. Überleben können die wolligen Vierbeiner in der kalten Jahreszeit nur mit einem dicken Fell. Ihre Wolle ist daher robuster und strapazierfähiger als die ihrer Artgenossen im wärmeren Süden und perfekt für das Tweed-Gewebe, das vor Kälte, Wind und Nieselregen schützt.

In Irland ist Magee in Donegal Town das führende Geschäft für Tweed. Die Stoffe werden seit 1866 in der eigenen Fabrik im 28 Kilometer entfernten Örtchen Ardara hergestellt. Gründer John Magee startete sein Unternehmen mit dem Handel von Webwaren, die von Bauern und Fischern aus Donegal angefertigt wurden. Die Waren verkaufe er auf dem Markt in Ardara. Magee war mit dem Handel so erfolgreich, dass er 1866 in der Stadt Donegal ein Textilgeschäft eröffnete, das bald florierte. Im Jahr 1900 übernahm sein Cousin Robert Temple das Unternehmen und begann mit der Weberei des berühmten Donegal-Tweeds. Fischknochen inspirierten die Fischgrätenmuster, die gepunktete Landschaft von Donegal die Salz-und-Pfeffer-Stoffe. Die verwendeten Farbstoffe stammen bis heute aus der einheimischen Pflanzenwelt: Ginstergelb, Heideviolett, Moosgrün und Fuchsia. Im Gegensatz zum britischen Tweed zeichnet sich das Donegaler Gewebe durch außergewöhnlich schöne *flecks* (farbige Einschüsse) aus. Man kann sich im Laden in puncto Farben nicht entscheiden, auch nicht ob Blazer, Jacke oder Mantel. Fakt ist, schlüpft man einmal hinein, möchte man das Teil nicht mehr missen. Wer es nicht nach Donegal schafft, wird auch in Dublin fündig. Zum 150. Jubiläum eröffnete Magee 2016 eine Filiale in der South Anne Street.

TIPP

Seafood schlemmen in The Olde Castle Bar in der Castle Street in Donegal

● Magee of Donegal, The Diamond, Donegal Town, County Donegal, Tel. +3 53 (74) 9 72 48 11, www.magee1866.com

Border Collies in Aktion

34 Kissane Sheep Farm, Kenmare

Zwei Border Collies sind im Einsatz. Die Augen des einen sind starr auf die Herde gerichtet. Ein Pfiff des Farmers und er rast los, rennt einen Bogen um die Schafe, ohne sie dabei aus den Augen zu lassen. Sein Kollege schleicht sich derweil wie ein Wolf an die Herde heran: Körper angespannt, Vorderkörper abgesenkt, Schwanz eingezogen. Diese Körperhaltung und der starre Blick des Hundes lösen bei den Schafen eine instinktive Fluchtreaktion aus. Blökend fangen sie an zu laufen. Der eine Collie treibt die Herde zum anderen Ende der buckeligen, von schroffen Felsen durchzogenen Koppel, der andere flankiert sie und steuert die Richtung. Es ist faszinierend, wie die beiden die 30 Tiere in perfekter Choreografie durch das Gelände manövrieren. Mensch, Hunde und Schafe sind ein eingespieltes Team.

TIPP

In die Schafställe schauen und Lämmchen streicheln

Auf der 200 Jahre alten Kissane Sheep Farm in Kenmare erfahren Besucher und Besucherinnen anhand einer „sheep dog demonstration", was ein Hirtenhund alles können muss. Bis ein Border Collie so weit ist, eine Schafherde auf Befehl unter Kontrolle zu bringen, sind viel Zeit und Training notwendig.

„Wir haben 14 Border Collies, die hier von ihren Besitzern zu Herdenhunden ausgebildet werden", erzählt Farmer John Kissane, der die über 1000 Hektar große Farm mit Bergland, 2000 Schafen und 1500 Lämmern in der fünften Generation leitet. Border Collies werden von Schäfern seit über 500 Jahren als Herdenhunde genutzt. Die Rassebezeichnung geht auf die geografische Herkunft des Hundes zurück – das *Border Country* (Grenzland zwischen England und Schottland). Die Ausbildung zum Herdenhund beginnt, wenn die Hunde zwölf Monate alt sind, und dauert zwei Jahre. Die Tiere müssen auf weite Distanzen selbstständig arbeiten können, auch außer Sicht- und Hörweite.

Nach der Vorführung öffnet ein Farmmitarbeiter das Gatter, lässt die beiden Border Collies heraus, die sich von Mitte März bis Ende Oktober von den Zuschauern Streicheleinheiten abholen dürfen.

● Kissane Sheep Farm, Moll's Gap, Kenmare, County Kerry, Tel. +3 53 (64) 6 63 47 91
www.kissanesheepfarm.com

Hier spielt die Musik

35

City Center, Galway

Wer durch die beiden Einkaufsstraßen Shop Street und Quay Street bummelt, entdeckt bald das, wofür Galway am berühmtesten ist: „Buskers“, Straßenmusiker aller Genres. Tatsächlich begann der britische Singer-Songwriter Ed Sheeran, der seit 2012 von den BRIT Awards bis hin zu den MTV Music und Grammy Awards sämtliche Musikpreise abgeräumt hat, als Straßenmusiker in Galway. Sheerans Großeltern stammen beide aus Irland und er verbrachte als Kind und Jugendlicher einen Großteil seiner Ferien bei der Verwandtschaft an der irischen Westküste. Schon als Vierzehnjähriger stand er 2005 mit seiner Gitarre in der Shop Street und Quay Street und trällerte Lieder. Wer hätte damals geahnt, dass er einmal zu einem der größten Popstars weltweit werden würde? Seine Anfänge in Galway hat Sheeran nicht vergessen – er betitelte einen seiner Songs „Galway Girl“. „She played the fiddle in an Irish band …“, beginnt sein Hit aus dem Jahr 2017, der allein in Deutschland 48 Wochen in den Charts stand.

TIPP

Feiern ganz in Grün: St. Patrick's Day in Galway, Infos unter www.galwaytourism.ie

Galway ist eine junge Stadt. Knapp 30.000 der rund 85.000 Einwohner sind Studenten. Der Zensus 2022 ergab ein Durchschnittsalter von 39 Jahren, was sich an der lebhaften Atmosphäre der Stadt bemerkbar macht. Mit vielen bedeutenden Sehenswürdigkeiten kann der Ort nicht aufwarten, aber die lebhafte Atmosphäre mit zahlreichen Buskers und großem kulturellem Angebot sowie die abendliche Musikszene in den Pubs machen das wett. Für Irish Trad & Folk in der Quay Street gibt es zum Beispiel keinen besseren Ort als Tigh Cóilí, irisch für „Haus der Musik“. Wer mag, kann an einer „Session“ teilnehmen – das heißt, jede und jeder mit einem Instrument ist willkommen einzusteigen und mitzuspielen.

Die überschaubare Innenstadt Galways lässt sich leicht zu Fuß erkunden. Schönstes Viertel ist das quirlige Latin Quarter mit kopfsteingepflasterten Gassen, hübschen kleinen Läden und Pubs. Das Zentrum der Stadt bildet der Eyre Square mit seiner großen Rasenfläche, die zum Picknicken und Sonnen einlädt.

● Quay Street/Shop Street, Galway City, County Galway
● ÖPNV: Bus 401, Haltestelle Spanish Arch

Paddeln in der City

36 Mit dem Kajak auf dem River Lee

Cork zu Fuß erkunden? Das kann jede und jeder. Viel origineller bewegt man sich mit dem Kajak fort und lernt vom Wasser die Umgebung aus einem völlig neuen Blickwinkel kennen. In einer geführten Tour ist Kajakfahren auch für ungeübte Neulinge relativ einfach. Lediglich das Einsteigen will gelernt sein. Sobald man nämlich einen Fuß ins Kajak setzt, wackelt es ganz schön. Damit man nicht schon ins Wasser fällt, bevor die Tour am Lapp's Quay startet, gibt es Hilfe beim Einstieg. Sitzt man erst einmal in dem schmalen Boot, ist das Schwerste geschafft. Dann erfolgt die Einweisung, wie man sich fortbewegt, ohne das Kajak zum Kentern zu bringen. Man hält das Paddel mit beiden Händen, taucht zuerst das rechte Paddelblatt ein und zieht es komplett nach hinten durch, danach wird das linke Blatt eingetaucht. Dabei Oberkörper ausbalancieren, senkrecht halten und bloß keine hektischen Bewegungen – dann kann beim Paddeln im Kajak gar nichts schiefgehen. Los geht's, sobald ein Mitarbeiter das Boot vom Ufer stößt. Nach wenigen Minuten klappt es schon ganz gut, und das Kajak gleitet ruhig über den River Lee. Vom Wasser aus sehen die geschichtsträchtigen Gebäude entlang des Ufers um einiges imposanter aus. Es geht unter zahlreichen Brücken hindurch – Cork, dessen Stadtzentrum auf einer Insel im Fluss liegt, verfügt über mehr als dreißig. Während der Tour erfährt man viel über die Geschichte der Stadt und die Bedeutung einiger Brücken, wie beispielsweise der St. Patrick's Bridge aus dem Jahr 1861. Unter der viel befahrenen Brücke wird der Verkehrslärm darüber vom Paddelgeräusch erstickt. In die entgegengesetzte Richtung ändert sich die Perspektive auf die Stadt. Nachdem zahlreiche Geheimnisse von Cork und dem River Lee gelüftet sind, endet die Tour nach zweieinhalb Stunden dort, wo sie begonnen hat. Beim Aussteigen wackeln die Knie und in den Armen spürt man einen beginnenden Muskelkater. Trotzdem möchte man gleich noch mal lospaddeln.

TIPP

Lieber Meereskajak? Angebote gibt es auf www.atlanticseakayaking.com.

● Atlantic Sea Kayaking, Cork City, County Cork, Tel. +3 53 (28) 2 10 58
www.atlanticseakayaking.com/booking/under-the-bridge-tour
● ÖPNV: Bus 214, Haltestelle Cork Bus Station

Spaziergang am Abgrund

37 Cliffs of Moher

Kaum lässt man den Blick über die atemberaubende Küstenlandschaft gleiten und gibt sich dem Sound der Wellen hin, die in der Tiefe gegen die steile Klippenfelswand schlagen, stellt sich ein unbeschreibliches Gefühl von Freiheit und Glück ein. Am liebsten möchte man es festhalten. Die spektakulären Cliffs of Moher am Rande der Karstlandschaft Burren ziehen sich von ihrem südlichsten Punkt Hag's Head über 14 Kilometer bis Aillenasharragh, einer Landzunge bei Doolin. Benannt sind die Klippen nach dem Steinfort Moher O'Ruan, das einst auf der Klippe nahe dem Hag's Head stand.

Der Besucherweg endet nach 200 Metern an ihrer höchsten Stelle, am O'Brien's Tower, wo die Klippen 214 Meter senkrecht in den Atlantik stürzen. Der Politiker Sir Cornelius O'Brien, Landbesitzer im County Clare, ließ den 188 Meter hohen Kalksteinturm 1835 als Aussichtsturm erbauen, für die wenigen gut betuchten britischen Touristen, die damals die Klippen besuchten. Vermutungen nach war der Turm anfangs mit einem großen Tisch und Stühlen ausgestattet und fungierte als Teehaus, damit die Engländer während des Ausflugs zu den Cliffs nicht auf ihre „cup of tea" und Gebäck verzichten mussten. Bei gutem Wetter und klarer Sicht garantiert die jederzeit zugängliche Aussichtsplattform des Turms einen der schönsten 360-Grad-Blicke, die Irland zu bieten hat. Im Süden auf die Liscannor Bay, im Norden auf die Gebirgszüge Twelve Pins und Maumturks in Connemara sowie im Westen auf die abgelegenen Aran Islands. An Tagen mit ruhiger See sieht man mit etwas Glück sogar Delphine.

TIPP

Mit der Cliffs of Moher Ferry die Klippen von unten betrachten: www.doolinferry.com

Auch wenn die Cliffs of Moher längst nicht die höchsten Klippen in Irland sind (die Slieve League Cliffs im County Donegal messen an ihrer höchsten Stelle 601 Meter), so sind sie doch die bekanntesten und gehören zu den beeindruckendsten Sehenswürdigkeiten der Insel. Niemand möchte sie auf einer Irlandreise missen.

● Cliffs of Moher Visitor's Centre, Liscannor, County Clare, Tel. +3 53 (65) 7 08 61 41
www.cliffsofmoher.ie

Tagträumen in Ruinen

38

Clonmacnoise am Shannon

Fast hat man das Gefühl, als fege der Geist des heiligen Ciarán (sprich Kieran) durch die Ruinen an diesem stillen, friedlichen Ort mitten im Grünen, nahe am Shannon-Ufer. Ein Ort, der zum Verweilen und Tagträumen einlädt. Man kann verstehen, warum Ciarán hier im 6. Jahrhundert ein Kloster gründete. Der junge Mönch hatte bereits seine frühe Jugend im Kloster Clonard im County Meath verbracht, wo er von Finnian, dem Lehrer der zwölf Apostel Irlands, erzogen wurde. Im Jahr 534 zog es Ciarán als Einsiedler auf die Insel Inishmore, zehn Jahre später legte er mit acht Mitbrüdern den Grundstein von Clonmacnoise in Form einer kleinen Holzkirche. Aufgenommen wurden nur Mönche, die willens waren, der Welt vollkommen zu entsagen. Ciarán starb wenige Monate nach der Klostergründung im Alter von erst 32 Jahren an den Folgen der Pest.

Die weitläufige Klosteranlage besteht aus sieben Kirchenruinen, den Resten einer Kathedrale, zwei Rundtürmen, 250 Grabplatten und zahlreichen Hochkreuzen. Zwischen dem 7. und 12. Jahrhundert war Clonmacnoise ein Hort der Gelehrsamkeit und Handwerkskunst, der weit über die Grenzen Irlands hinaus bekannt war. So entstand hier um 1100 „Lebor na hUidre" (das „Buch der dunkelfarbigen Kuh"), eine der ältesten noch erhaltenen Handschriften in altirischer Sprache. Der Legende nach bat Ciarán, als er sich als Junge zum Kloster Clonard aufmachte, seine Eltern um eine Kuh als Geschenk für das Kloster. Als ihm der Wunsch abgeschlagen wurde, segnete Ciarán eine Kuh in der Herde, die ihm daraufhin bis nach Clonard nachgaloppierte. Als die Kuh Jahre später starb, machte er aus ihrer Haut das Pergament, auf dem später das legendäre Buch entstand. Nach der von Heinrich VIII. verordneten Reformation im Jahre 1552 raubten die Engländer sämtliche Kirchenschätze und das Kloster verfiel. Jährlich findet am 9. September, Ciaráns Todestag, eine Wallfahrt nach Clonmacnoise statt, wo ein Priester die Messe zelebriert.

TIPP

Das Besucherzentrum informiert umfangreich über die Geschichte der Klostersiedlung.

Clonmacnoise, Shannonbridge, County Offaly
www.heritageireland.ie/places-to-visit/clonmacnoise

Genuss in höchsten Tönen

39

Wexford Festival Opera

Wer in puncto Musik an Irland denkt, hat nicht unbedingt Opern im Sinn. Schon gar kein Opernfestival, das seit über 70 Jahren eine Pilgerstätte für Opernfans aus der ganzen Welt ist. Noch weniger, dass die Nationaloper nicht in Dublin, sondern im Hafenstädtchen Wexford an der Südostküste beheimatet ist. Dass es das Festival gibt, ist dem schottischen Autor und Herausgeber des Magazins „The Gramophone", Sir Compton Mackenzie, zu verdanken, der im November 1950 einen Vortrag vor dem „Wexford Opera Study Circle" hielt. Er schlug der opernbegeisterten Gruppe vor, doch selbst eine Oper im dortigen Theatre Royal zu inszenieren. Gesagt, getan. Man dachte allerdings nicht nur an die Inszenierung einer Oper, sondern an jährlich wiederkehrende Festspiele. Das erste Festival fand vom 21. Oktober bis 4. November 1951 statt, Höhepunkt war die Oper „The Rose of Castille" des irischen Komponisten Michael Balfe. Das Theatre Royal wurde zur festen Spielstätte des Festivals, das sich im Laufe der Jahre zu einem der führenden Opernfestivals der Welt entwickelt hat, zu dem 20.000 Opernfans pilgern, davon 40 Prozent aus dem Ausland.

TIPP

Nicht nur Festival – im Opernhaus werden ganzjährig Opern, Musicals und Theaterstücke aufgeführt.

Auf dem Programm stehen musikalische Schätze jenseits des gängigen Opern-Repertoires – Werke bekannter und weniger bekannter Komponisten, die selten aufgeführt werden. „Es gibt rund 20.000 Opern, warum sollen wir immer nur dieselben 40, 50 spielen?" so David Agler, bis 2019 künstlerischer Leiter der Festspiele. Für Opernfans ist das Festival eine Schatztruhe, die ihresgleichen sucht. Das über 170 Jahre alte Theatre Royal wurde 2006 abgerissen und am selben Ort das National Opera House errichtet. Rimski-Korsakows „Schneeflöckchen" war im Oktober 2008 die erste Oper, die im neuen Haus, das mit hervorragender Akustik glänzt, aufgeführt wurde. Wer sich Karten besorgt, sollte wissen, dass es beim Festival zum guten Ton gehört, dass bei den Abendvorstellungen Damen Abendkleid und Herren Smoking oder einen dunklen Anzug tragen.

- The National Opera House, High Street, Wexford, County Wexford, Tel. +3 53 (53) 9 12 21 44, www.wexfordopera.com
- ÖPNV: Bus WX1, Haltestelle Custom House Quay, dann 5 Minuten zu Fuß

Begehbares Bilderbuch

40 Folk Village, Glencolmcille

Beim Anblick der strohgedeckten Cottages fällt es nicht schwer, sich in die Vergangenheit wegzuträumen. Die einstöckigen weiß getünchten Gebäude geben Einblick in die Lebensumstände der Fischer und Bauern vom 18. bis zum 20. Jahrhundert in einer der rauesten Gegenden Irlands, wobei jedes Haus ein Originalnachbau ist und für eine bestimmte Ära der irischen Geschichte steht. Es gibt ein Pub mit einem kleinen Lebensmittelladen (ein Pub-Grocer), ein Bauernhaus, eine Fischerhütte und eine typische Dorfschule aus dem 19. Jahrhundert. Damit die Räume authentisch wirken, sind sie mit Möbeln, Haushaltsgegenständen, Werkzeugen und anderen Utensilien der jeweiligen Zeit ausgestattet.

Das kleine Museumsdorf auf einem Hügel entstand 1967 auf Initiative des katholischen Priesters James McDyer, der 1951 die Pfarrei in Glencolmcille übernahm – zu einer Zeit, in der es in dem Ort noch keine Elektrizität gab. Mit der Gründung des Folk Village, das nur eines der zahlreichen Projekte des engagierten und streitbaren Paters war, wollte er den Tourismus ankurbeln in einer Gegend, aus der immer mehr Menschen abwanderten. Das 200 Seelen zählende Straßendörfchen in der irischsprachigen Gaeltachtregion ist bis heute eines der entlegensten Orte des Landes. Es besteht aus einer kurzen Hauptstraße, ein paar verstreut liegenden Häusern sowie dem Freilichtmuseum, das von Ostern bis Ende September geöffnet hat.

TIPP
Eine geführte Tour durch das Folk Village mitmachen – man erfährt so einiges.

Der Name Glencolmcille geht auf den heiligen Columcille (anglisiert Columba) zurück und bedeutet „Tal des Columcille". Oft sieht man auch die Schreibweise Glencolumbkille. Der Mönch und Missionar soll hier mit Gefolgsleuten im 6. Jahrhundert fünf Jahre lang gelebt und ein Kloster gegründet haben. Zusammen mit St. Patrick und St. Brigid ist er einer der drei Schutzpatrone Irlands. Jährlich am 9. Juli gedenken Gläubige in Glencolmcille des Heiligen, umrunden um Mitternacht den Ort, wo das Kloster einst gestanden haben soll und gehen anschließend zur Messe in die Kirche.

● Glencolmcille Folk Village Museum, Kilaned, Glencolmcille, County Donegal, Tel. +3 53 (074) 9 73 00 17, www.glenfolkvillage.com

Wonnebad für Kaltduscher

41

Forty Foot, Sandycove

Forschungen haben ergeben, dass der Kontakt mit kaltem Wasser die Laune verbessert. Das wissen die Dubliner und Dublinerinnen, denn sie stürzen sich am Felsvorsprung Forty Foot mit Freude in die kalten Fluten der Irischen See. Bei Wind und Wetter und traditionell am 25. Dezember, am „Christmas Swim Day". Hartgesottene aller Altersklassen stehen an diesem Tag ab dem frühen Morgen zu Hunderten in der Kälte Schlange, um ins eisige Wasser zu hüpfen. Manchmal auch bei Regen und Schnee. Die Wassertemperatur liegt im Winter bei vier, im Sommer bei maximal 15 Grad. Ein 91-jähriger Schwimmer, der das ganze Jahr über hierherkommt, nennt den Forty Foot seinen Jungbrunnen – er beharrt darauf, dass Schwimmen in eiskaltem Wasser gesund ist und jung und fit hält.

Das Wasser ist hier nicht etwa 40 Fuß tief, der Name Forty Foot bezieht sich auf das „40th Regiment of Foot" der Britischen Armee, das hier im 18./19. Jahrhundert stationiert war. Ein altes Schild weist darauf hin, dass es sich bei der Badestelle um einen „Gentlemen's Bathing Place" handelt. Der 1880 gegründete Schwimmclub war ausschließlich Männern vorbehalten. Mit einem kühnen Sprung vom Forty Foot ins Wasser sorgte in den 1970er-Jahren eine Gruppe Frauenrechtsaktivistinnen dafür, dass auch Frauen und Kindern Zutritt gewährt wurde.

Die felsige Badestelle befindet sich am Fuße des James Joyce Tower. Im Jahr 1904 logierte der Schriftsteller Oliver St. John Gogarty in dem alten Martello Tower, um in Ruhe zu schreiben. Eines Tages lud er seinen Freund James Joyce für ein paar Tage ein. Joyce entpuppte sich als Nervensäge, es kam zum Streit, Gogarty griff nach seiner Pistole und feuerte Schüsse auf Pfannen ab, die über Joyce' Bett hingen. Dieser verließ den Turm umgehend und wenig später zusammen mit seiner späteren Ehefrau Nora Barnacle auch das Land. Für die Schüsse rächte sich James Joyce, indem er aus Oliver St. John Gogarty den dicken Buck Mulligan in seinem Monumentalwerk „Ulysses" machte.

TIPP

Sich im James Joyce Tower auf die Spuren des Autors begeben

● Forty Foot, Sandycove, County Dublin
● ÖPNV: DART ab Connolly Station Dublin bis Haltestelle Sandycove and Glasthule, dann 1,2 Kilometer zu Fuß

Verliebt, verlobt, verheiratet

42 Claddagh Ring Visitor Centre, Galway

Es gibt einen Ring, der in keinem Schaufenster der Juweliere in Galway fehlt. Er ist aus Gold und zeigt zwei Hände, die ein Herz und eine Krone halten. Auch die Souvenirshops haben ihn im Angebot – allerdings in der günstigeren Silbervariante. Das Herz symbolisiert Liebe, die Hände Freundschaft und die Krone Loyalität. Der Ring wurde erstmals um 1700 als Ehering im 2 Kilometer entfernten Fischerort Claddagh hergestellt, wobei sich um seine Ursprünge mehrere Legenden ranken. Eine der bekanntesten ist die um Richard Joyce. Der Mär nach wurde Joyce um 1675 auf See von algerischen Piraten gefangen genommen und als Sklave an einen maurischen Goldschmied verkauft, der ihm das Handwerk beibrachte. In Sehnsucht nach seiner Verlobten im fernen Irland schuf er den Reif, der später als Claddagh-Ring bekannt wurde. Als William III. 1689 den Thron bestieg, schloss er eine Vereinbarung mit den Mauren, welche die Freilassung aller versklavten britischen Untertanen bewirkte, zu denen auch Joyce gehörte. Dieser kehrte nach Claddagh zurück, heiratete seine Braut, die vierzehn Jahre lang auf ihn gewartet hatte, und arbeitete fortan als Goldschmied. Es gab in dem Fischerort tatsächlich einen Goldschmied namens Richard Joyce, dessen Initialen sich in einem der frühesten erhaltenen Claddagh-Ringe befinden. Ob er aber von Piraten entführt und anschließend in Algerien versklavt wurde, lässt sich nicht belegen.

Das Claddagh Ring Visitor Centre zeigt einen kurzen Film, in dem ein Geschichtenerzähler als Richard Joyce erzählt, wie er von Piraten gefangen genommen und von seiner großen Liebe getrennt wurde. In der Goldschmiedewerkstatt des Centers darf man bei der Herstellung eines Rings zuschauen und kann sich auch selbst einen nach Maß anfertigen lassen. Trägt man ihn auf traditionelle Weise, am rechten oder linken Ringfinger, mit der Herzspitze nach oben oder unten, gibt er einen Hinweis auf den Beziehungsstatus. Welcher das ist, erklärt der Goldschmied.

TIPP

Im Galway Arts Centre in zeitgenössische irische und internationale Kunst eintauchen

● Claddagh Ring Visitor Centre, 26 Shop Street, Galway, County Galway, Tel. +3 53 (91) 56 25 54, www.claddaghlegend.com

Kaffeegenuss mit Schuss

43 Irish Coffee im Café en Seine, Dublin

„Dublins ersten Superpub" nannte die Irish Times das Lokal, das an ein Pariser Kaffeehaus aus dem frühen 20. Jahrhundert erinnert. Tritt man durch die Tür, steigt die Laune beim Blick auf das atemberaubende Art-Deco-Ambiente und steigert sich noch, wenn der beste Irish Coffee der Stadt serviert wird. Hat der Barkeeper gerade wenig zu tun, lässt er Gäste dabei zuschauen, wie die irische Kaffeespezialität richtig zubereitet wird. In ein vorgewärmtes Glas kommen zwei Teelöffel brauner Zucker und starker, heißer Kaffee. Der Barkeeper rührt so lange, bis sich der Zucker aufgelöst hat, fügt dann den abgemessenen Whiskey hinzu und verrührt das Gemisch. Anschließend lässt er die leicht geschlagene Sahne über den Rücken des Teelöffels langsam auf die köstliche Mixtur gleiten.

TIPP
In Büchern stöbern bei Hodges Figgis, 56–58 Dawson Street

Als Erfinder des Irish Coffee gilt Joe Sheridan, in den 1940er-Jahren Küchenchef im Restaurant des Luftstützpunktes Foynes im County Limerick, der von Flugzeugen vor der Atlantiküberquerung zum Auftanken angeflogen wurde. An einem kalten Wintertag schüttete Sheridan Whiskey in frisch gebrühten Kaffee, versüßte diesen mit Zucker und Sahne und bot ihn frierenden Passagieren, die auf ihren Weiterflug warteten, zum Aufwärmen als Irish Coffee an. Als die kleine Airbase zugunsten des neuen Shannon International Airport geschlossen wurde, wechselte der kreative Küchenchef mit seiner Crew ins Restaurant des neuen Flughafens und servierte fortan dort seine Kreation. Einer, der während eines Zwischenstopps am Shannon Airport in den Genuss des Irish Coffee kam, war der Journalist Stanton Delaplane aus San Francisco. Er erzählte dem Besitzer seines Stammlokals Buena Vista begeistert von dem leckeren Heißgetränk. Die beiden versuchten sich an dem Rezept, bekamen es aber nicht hin. Da der Barbesitzer den Irish Coffee nun aber unbedingt auf der Karte haben wollte, bot er Sheridan eine Stelle an. Dieser überlegte nicht zweimal, packte und emigrierte aus dem damaligen Armenhaus Europas in die USA.

- Café en Seine, 40 Dawson Street, Dublin 2, Tel. +3 53 (01) 6 77 45 67
www.cafeenseine.ie
- ÖPNV: Bus 4 oder 40, Haltestelle Trinity College

Guinness? Red Ale!

44 Smithwick's Experience, Kilkenny

Wer an irisches Bier denkt, hat Guinness vor Augen. Wer nach Kilkenny fährt, trinkt das süffige Red Ale. Bei der interaktiven und sehr unterhaltsamen Führung durch die alte Smithwick's Brauerei tauchen Ale-Enthusiasten in über 300 Jahre Braugeschichte ein und haben die Gelegenheit, Malz zu mahlen, Maische zu rühren und Hopfen zu riechen sowie am Ende jeweils ein halbes frisch gezapftes Pint der drei Smithwick-Biere Red Ale, Pale Ale und Kilkenny Beer zu kosten.

John Smithwick, über den wenig bekannt ist, gründete die Brauerei 1710 auf dem Gelände der Franziskanerabtei St. Francis und begann mit dem Brauen des Red Ale. Das Ale wird mit obergäriger Hefe gebraut, die sich nach dem Gärungsprozess auf dem Bier absetzt und abgeschöpft wird. Zum Brauen wird geröstetes Gerstenmalz verwendet, das für die Röstaromen und die rötliche Farbe sorgt. Durch die stärkere Malznote schmeckt das Bier nicht so bitter wie das Guinness, das erstmals 1759 gebraut wurde. Das Kilkenny Red Ale gilt als ältestes Bier Irlands – sieht man von dem Bier ab, das die Mönche bereits 1231 in der Abtei brauten.

Nach John Smithwicks Tod verkauften die Erben die Brauerei aus finanziellen Gründen. Sein Urenkel Edmond Smithwick (1800–1876), Banker und späterer Bürgermeister von Kilkenny, kaufte sie 1827 zurück und machte sie zu einer der erfolgreichsten Brauereien des Landes. Aus anfänglich 5.000 Fässern Red Ale wurden im Laufe der Jahre 40.000 – das Bier war nicht nur in Irland beliebt, sondern dank der von Edmond angeleierten Exporte auch bald in England, Schottland und Wales. Die Brauerei blieb in der Familie, bis Walter Smithwick sie 1965 an Guinness verkaufte. Smithwick's in Kilkenny wurde zum Jahresende 2013 geschlossen, seitdem wird das Ale in Dublin in der St. James's Gate Brewery gebraut. Aus der alten Brauerei in Kilkenny wurde 2014 Smithwick's Experience, die sich der Geschichte des berühmten Red Ale widmet.

TIPP
Geführte Tour durch das monumentale Kilkenny Castle, einst Sitz der mächtigen Familie Butler

● Smithwick's Experience, 44 Parliament Street, Kilkenny, County Kilkenny, Tel. +3 53 (56) 7 78 63 77, www.smithwicksexperience.com

1710
SMITHWICK'S
EXPERIENCE
KILKENNY
DISCOVER
THE CRAFT

Hinein ins kühle Nass!

45 Pollock Holes, Kilkee

Die Pollock Holes am westlichen Ende der Horseshoe Bay in Kilkee sind eine Ansammlung von größeren und kleineren Naturschwimmbecken, die zum Badespaß einladen. Wer das kalte Wasser nicht scheut und hineinspringen will, muss warten, bis Ebbe ist, denn die Pools sind gezeitenabhängig und werden nur bei Niedrigwasser freigelegt. Zwischen den Gezeiten ist der Zugang etwa fünf Stunden lang möglich. Die drei größten Becken sind zwischen einem und 2,5 Meter tief und variieren in der Größe von etwa 50 Meter Länge bis 20 Meter Breite. Schwer zu finden sind sie nicht – man erkennt sie an den Menschenmengen, die sich um jeden Pool herum versammeln. Die nach den darin lebenden Fischen benannten Pollock Holes sind auch als Duggerna-Riff bekannt. Entstanden sind die kleinen Naturwunder durch Meereserosion. Sitzt, schwimmt oder schnorchelt man erst einmal in dem kristallklaren Wasser eines der Naturbecken, möchte man so schnell nicht wieder raus. Kaltes Wasser hin oder her. Über ein einfaches Bad hinaus bieten die Pools zudem ein echtes Thalasso-Therapie-Erlebnis. Tatsächlich soll das Wasser von außergewöhnlicher Qualität sein – reich an Spurenelementen und Mineralien, das Vorhandensein von Algen und ein erhaltenes Biotop sorgen für eine Verjüngungskur für Haut und Körper. Na, da möchte man doch die ganzen fünf Stunden zwischen der Tide nutzen!

TIPP

Badespaß bei subtropischen Temperaturen gibt es in der Badelandschaft Kilkee Waterworld.

Kilkee avancierte im 19. Jahrhundert zu einem der beliebtesten Seebäder am Wild Atlantic Way. Cottages und Villen für gut betuchte Engländer schossen aus dem Boden, und bald hatte das einst verschlafene Fischerdorf den Beinamen „Brighton of the West“ weg. Zu den berühmten Sommerfrischlern aus England zählten der Dichter Lord Tennyson und die Autorin von „Jane Eyre“, Charlotte Brontë. Im September 1962 verbrachte der Revolutionär Che Guevara, dessen Vorfahren von Irland nach Argentinien ausgewandert waren, eine Nacht in Kilkee. Notgedrungen, da sein Flug ab Shannon wegen Nebels gestrichen worden war.

● Pollock Holes (direkt an der N67), West End, Kilkee Upper, County Clare

Das Auge hört mit

46 The Irish Rock'n Roll Museum, Dublin

Fans der irischen Rockmusik fühlen sich in dem knallroten Gebäude wie im siebten Musikhimmel. Alle großen irischen Bands und Rockstars haben hier geprobt: U2, Sinéad O'Connor, The Cranberries, Thin Lizzy, Rory Gallagher, der bis heute zu den weltweit besten Gitarristen aller Zeiten zählt, Van Morrison, Bob Geldof und seine Boomtown Rats, The Pogues, Clannad, Boyzone, Imelda May und andere. Die Wände sind gespickt mit Fotos, Gitarren und Schallplatten der irischen Stars. Im Untergeschoss befindet sich ein Proberaum, der U2 gewidmet ist. Alles, was hier nicht niet- und nagelfest ist, wurde von der Band gestiftet. Im ehemaligen Proberaum der Cranberries zeigt ein Video die Kurzfassung der irischen Rockmusik seit 1970. Wer möchte, darf sich ans Schlagzeug setzen, mit den Stöcken kräftig auf Trommeln und Becken hauen und sich einen Moment lang als Rockstar fühlen.

Im Bereich der Temple Lane Studios entstanden Szenen aus dem oscarprämierten Musikfilm „Once". Hier befindet sich das Phil Lynott gewidmete Apollo Studio mit dem größten Mischpult des Landes. Der Frontmann von Thin Lizzy nahm hier vor seinem Tod 1986 die letzte Platte auf. Von den Wänden prangt sein Konterfei, seine E-Gitarren, Tour-Jacken und goldenen Schallplatten sind in Schaukästen ausgestellt. „Es gibt nur drei Musiker in der Geschichte der Rockmusik, die eine Lederhose tragen konnten: Elvis, Jim Morrison und Phil Lynott", findet der Guide. Stimmt, dem sehr schlanken und knapp 1,90 Meter großen Lynott standen sie super. Mit Thin Lizzy fing in den frühen 1970er-Jahren die irische Rockmusik an, mit Thin Lizzy endet die Tour.

Einfach so hineinspazieren und sich eine Ausstellung anschauen, geht jedoch nicht, da die Räumlichkeiten, die sich im Gebäude der Temple Lane Rehearsals befinden, kein Museum im herkömmlichen Sinne sind. Hier proben Musiker. Führungen finden statt, wenn gerade keiner spielt – ohne Voranmeldung kein Zutritt, Tickets nur online.

TIPP

Ein Hingucker: die Phil-Lynott-Statue vor der Bruxelles Bar in der Harry Street

● The Irish Rock'n Roll Museum, Curved Street, Temple Bar, Dublin 2, Tel. +3 53 (08) 94 49 07 95, www.irishrocknrollmuseum.com
● ÖPNV: Bus 26, Haltestelle Wellington Quay oder Bus 140, Haltestelle Dame Street

LÁNA AN TEAMPAILL THEAS
TEMPLE LANE SOUTH
IRISH ROCK'N'ROLL MUSEUM EXPERIENCE
Músaem Rac-cheoil na hÉireann
IRISH ROCK 'N' ROLL MUSEUM EXPERIENCE
WALL of FAME
DUBLIN
WEL
ENTRANCE
Curved St.
THANK YOU SINEAD
HEARD YOU

Nachts beim Leuchtturm

47 Lightkeeper's House, West Cork

Der Blick aus den Fenstern ist einzigartig: Leuchtturm, Meer bis zum Horizont und grasbewachsene Klippen. Und das nicht in weiter Ferne, sondern nur wenige Meter entfernt. Das alte Leuchtturmwärterhaus Galley Head Lightkeeper's House steht 53 Meter über dem tosenden Atlantik auf einer Klippe. Hier oben, abseits der üblichen Touristenziele, hat man das Gefühl, in eine andere Zeit einzutauchen. Nachbarn, WLAN und Fernseher gibt es nicht, der nächste Laden liegt 14 Kilometer entfernt in Clonakilty. Aber was macht das schon, wenn man in so einem außergewöhnlichen Ambiente logiert und sich eine Auszeit gönnt? Das gemütlich eingerichtete Haus mit dunklen Holzdielen besteht aus Wohnzimmer mit Kamin, zwei Schlafzimmern, zu denen eine knarrende Holztreppe hinaufführt, einer großen Küche und Bad. Der Leuchtturm aus dem 19. Jahrhundert steht direkt gegenüber vom Leuchtturmwärterhaus – eigentlich ist es ein Doppelhaus, da es einst zwei Leuchtturmwärter gab. Betreten kann man ihn nicht, da er noch immer in Betrieb ist, seit 1978 allerdings automatisiert.

In lauen Sommernächten ist es ein beinahe magisches Erlebnis, wenn man sich nach Einbruch der Dunkelheit unter dem Leuchtturm ins Gras legt und den nächtlichen Himmel, die Sterne und die tanzenden Lichtsignale beobachtet. Beim Einschlafen huschen die Lichtstreifen des Leuchtturms über die Schlafzimmerwand, in regnerischen Nächten scheint das Licht aus Regenbogenfarben zu bestehen. Am Tag lädt die Umgebung zu Spaziergängen ein – auf der einen Seite entlang der Klippen, auf der anderen entlang hügeliger Wiesen, auf denen Kühe weiden. Den Wegesrand säumen üppige Brombeersträucher.

Der Weg hinauf zum Leuchtturm ist schmal und kurvenreich. Das letzte Stück Straße, das zum Galley-Head-Lighthouse-Anwesen führt, ist durch eine Schranke und ein paar Meter weiter durch ein Tor abgesperrt. Einfach mal vorbeischauen und gucken geht nicht.

Himmel, Meer, Wind und Sterne – was braucht es an manchen Tagen mehr, um glücklich zu sein?

● Galley Head Lighthouse, Dundeady, Rathbarry, County Cork,
Tel. +3 53 (01) 6 70 47 33, www.irishlandmark.com

Cocktails schlürfen

48

The Glasshouse Rooftop Bar, Cork

Es ist ein Moment der Vollkommenheit: Man sitzt in einem bequemen Sessel über den Dächern Corks, umgeben von Bäumen und viel Grün, und schlürft ein kühles Glas Prosecco mit Blick auf die funkelnden Lichter der City. Nicht nur das Panorama, auch das Design der Glasshouse Rooftop Bar ist einzigartig. Sie wurde auf dem Dach eines Gebäudes des Montenotte Hotels errichtet, ist mit dem Haupthaus über eine Glasbrücke verbunden und öffnet ihre Türen auch für diejenigen, die nicht Gäste des Hotels sind. Die Inneneinrichtung glänzt im Art-déco-Stil mit farbenfrohen Sesseln, blauen Kacheln und antikem Messing an der Bar, gigantischen Lampen an der Decke, gemütlichen Sitzecken aus italienischem Leder, Parkettböden und Pflanzen ringsum. „Ein botanisches Paradies mit spektakulärem Panoramablick" betitelte die Presse das Glasshouse nach seiner Eröffnung am 1. August 2021. Man kann kaum glauben, dass dieser Ort einst eine wenig genutzte Außenterrasse war, während man heute das Gefühl hat, überall auf der Welt zu sein, denn Bars wie diese sind eher in London, New York oder Singapur zu Hause.

TIPP

Freitag- und samstagabends spielen Livebands im Glasshouse.

Die Cocktailkarte ist ebenso fantasievoll gestaltet wie die Bar, von den versunkenen viktorianischen Gärten rund um das Hotel inspiriert und lädt zu einer außergewöhnlichen Sinnesreise ein, bei der sich alles um Aromen, Düfte und Geschmack dreht, die in der Atmosphäre eines botanischen Glashauses erlebbar werden. Wie beim Royale Rose – einem eleganten Signature-Cocktail, zubereitet aus dem hauseigenen Gin des Hotels, frischem Erdbeerpüree, Zitronensaft und Eiweißschaum sowie einem Schuss Prosecco. Die Signature-Cocktails werden exklusiv von den preisgekrönten Barkeepern des Montenotte Hotels kreiert. Die Glasshouse Rooftop Bar, die Donnerstag bis Sonntag geöffnet hat und nur Kartenzahlung gestattet, lockt nicht nur zur Cocktail-Stunde, sondern auch zum Afternoon Tea mit allerlei Köstlichkeiten wie Gourmet-Finger-Sandwiches, Passionsfruchtmousse und Himbeer-Zitronen-Käsekuchen.

- The Glasshouse, Montenotte, Middle Glanmire Road, Cork City, County Cork, www.themontenottehotel.com/dining/the-glasshouse
- ÖPNV: Bus 208, Haltestelle St. Luke's Cross, dann 450 Meter zu Fuß

Im Ziegenbockkönigreich

49 Statue des King Puck, Killorglin

Man kann nicht anders als schmunzeln, wenn man den in Bronze gegossenen Ziegenbock erblickt, der mit einer Krone auf dem Haupt auf einem Felspodest am östlichen Ortseingang von Killorglin steht. Genauer gesagt, an der Brücke, die den River Laune überspannt. Stolz sieht er aus und lächelt er nicht sogar? Wer den Ring of Kerry befährt, kommt unweigerlich an dem gekrönten Ziegenbock vorbei, da die Panoramaküstenstraße direkt durch das kleine Bilderbuchstädtchen führt. Der Bildhauer Alan Ryan Hall schuf die Statue im Jahr 2001, um einem der kuriosesten Bräuche Irlands zu huldigen – der „Puck Fair“, die jährlich im August stattfindet und auf der ein lebender Ziegenbock, der „Puck“, zum König gekrönt wird.

Das Fest beginnt am 10. August, wenn der zuvor in den Bergen gefangene Ziegenbock mit Pauken, Trompeten und Dudelsäcken zum Stadtplatz gebracht wird, wo er von der „Queen of Puck“, einem jungen Mädchen aus dem Ort, gekrönt wird. Danach wird „König Puck“ in einen geräumigen Käfig gesteckt und auf eine Plattform gehievt. Dort überblickt er für die Dauer des Festivals sein Königreich, wobei ein Tierarzt regelmäßig nach seinem Wohl schaut. Am Ende des dreitägigen Volksfestes wird der Ziegenkönig zurück in die Wildnis der irischen Berge entlassen. 2023 beschloss das Puck-Fair-Komitee, dass das Tier künftig keine drei Tage mehr in seinem Käfig ausharren muss, sondern nur noch zur Krönung und am letzten Tag zur Entthronung zu sehen sein wird.

Der Ursprung des Festivals lässt sich nicht mehr zurückverfolgen. Einer Legende nach waren Oliver Cromwells Truppen, die 1649 auf einem Rachefeldzug Irland verwüsteten, auf dem Weg nach Killorglin, als sie eine Ziegenherde aufschreckten. Einer der Ziegenböcke galoppierte in den Ort. Als er müde und aufgeregt ankam, erkannten die Bürger, dass Gefahr drohte. Es gelang ihnen, ihre Stadt gegen die heranstürmenden Truppen zu befestigen. Die Puck Fair soll zu Ehren dieses heldenhaften Ziegenbocks ins Leben gerufen worden sein.

● Statue des King Puck (am Stadteingang an der N22), Killorglin, Iveragh Peninsula, County Kerry, www.puckfair.ie

Climbing On Rock
Strictly
Forbidden
KING PUCK

Whiskey in the Jar

50 Locke's Distillery, Kilbeggan

„Whiskey is liquid sunshine" (Whiskey ist flüssiger Sonnenschein), sagte der irische Literaturnobelpreisträger George Bernhard Shaw und seine Landsleute stimmen ihm nach wie vor zu. Selbst wer sonst nichts Hochprozentiges trinkt, kommt in Irland nicht umhin, ein Gläschen Whiskey zu probieren oder bei einer Führung durch eine der vielen Destillerien der Insel tief in die Welt des Whiskeys einzutauchen. Wenn schon, dann ein Rundgang durch Locke's in Kilbeggan. Die Brennerei in dem kleinen Städtchen in den Midlands gilt als älteste lizenzierte Whiskey-Destillerie des Landes. Sie wurde 1757 von Matthew MacManus gegründet und wechselte mehrmals den Besitzer, bevor John Locke sie 1843 erwarb und den Whiskey als Locke's weltbekannt machte. Bis ins 20. Jahrhundert hinein lief das Geschäft hervorragend. Mit über 60 Prozent am Weltmarkt war Irland mit seinen zahlreichen Destillerien lange Zeit der weltgrößte Whiskey-Produzent. Dann sanken die Exportzahlen – zum einen durch die starke Konkurrenz aus Schottland, zum anderen durch die Prohibition in den USA. Die Kilbeggan Distillery musste die Produktion 1954 einstellen und drei Jahre später schließen.

TIPP
Irish Coffee Masterclass in der Destillerie

Im Jahr 1992 restaurierte die Gemeinde die alte Brennerei und eröffnete sie als „Locke's Distillery Museum". Als die von John Teeling gegründete Cooley Distillery die Lizenz erwarb, Kilbeggan und Locke's Whiskey zu produzieren und 2007 eine neue Destillerie in Kilbeggan eröffnete, übernahm sie das Museum. Besucher und Besucherinnen erleben bei einer Führung Schritt für Schritt den Produktionsprozess – vom traditionellen Maischverfahren bis hin zur Abfüllung des Whiskeys. Einige der alten Produktionsmaschinen sind noch vorhanden, wie beispielsweise das gigantische Wasserrad und die Dampfmaschine. Am Ende der Führung darf von den besten Kilbeggans probiert werden.

Locke's Distillery, Lower Main Street, Aghamore, Kilbeggan, County Westmeath, Tel. +3 53 (57) 9 33 21 34, www.kilbeggandistillery.com

Urbanes Kunstvergnügen

51 The Icon Walk, Dublin

Wüsste man nicht, dass sich in den versteckten Gassen Bedford Lane, Price's Lane und Adair Lane rund um den Aston Place Irlands größte Open-Air-Kunstinstallation befindet, würde man sich womöglich nicht dorthin verirren. Von den Wänden prangen Gemälde mit Porträts und Geschichten der Kulturikonen des Landes – eine Mischung aus Pop Art, subversiven Botschaften und moderner Ikonografie. Eine Wand ist dem irischen Film und seinen Schauspielern gewidmet, eine andere den Dramatikern (Playwrights) und ihren „Weisheiten". So lässt James Joyce alle wissen, dass, wenn er stirbt, Dublin in sein Herz eingraviert sein wird, Oscar Wilde weist darauf hin, dass eine Idee, die nicht gefährlich ist, es nicht verdient, überhaupt Idee genannt zu werden und Brendan Behan verkündet, dass er keinerlei Respekt vor irgendetwas hat, das in Zusammenhang mit der Gesellschaft steht. Ein kunterbunter Metallzaun preist den irischen Humor, ganz besonders die Dubliner Variante: „Dublin has its own brand of cruel humor", und an einer Ziegelsteinmauer prangen die Konterfeis von Sonderlingen, Spinnern und allerlei Genies (Oddballs, Crackpots and Assorted Genius) wie der nordirische Politiker und Friedensnobelpreisträger John Hume, Radiostar Gay Byrne (Gaybo – The Housewife's Joice), Medienstar Eamon Dunphy und andere Persönlichkeiten. Es ist nicht schwer, sich in den engen Gässchen, den Bildern und Geschichten zu verlieren.

Der Icon Walk entstand, als die Finanzkrise die Insel 2010 unter den EU-Rettungsschirm zwang. In jenem Jahr gründete der Dubliner Barney Phair das Künstlerkollektiv „The Icon Factory" im Temple-Bar-Viertel und kreierte zusammen mit lokalen Künstlern die gigantische Installation innerhalb von drei Monaten. Mit dem Werk wollte er seine Mitbürger und Mitbürgerinnen an das reiche kulturelle Erbe Irlands erinnern und daran, dass es eben darum keinen Grund gibt, deprimiert zu sein. Schon gar nicht wegen einer vorübergehenden Finanzkrise.

TIPP
Noch mehr Kunst? The Icon Factory, 3 Aston Place

● The Icon Walk, Aston Place, Temple Bar, Dublin 2, Tel. +3 53 (86) 2 02 45 33
www.iconfactorydublin.com/the-icon-walk
● ÖPNV: Bus 26, Haltestelle Wellington Quay

The Icon Walk
a registered charity,
presents:
THE PURPOSE OF THE ICON WALK
Irish identity, that charming something that is largely regarded with a smile around the planet and which draws millions to visit this island nation.
We are who we are and what we are, possibly as a result of chasing rainbows, mythical myths, druid's spells or leprechauns gone inane from losing their crocks of gold.
Celtic Tigers anyone? Perhaps; but not likely.
More realistically we are the product of our unique culture. This is how the distinct quality is explained in a biography of G.B. Shaw by Frank Harris; "Like Shaw most of the great men of the Irish renaissance had to leave Ireland to prove their greatness but at least they were born there. They breathed from infancy it's strange air of realism and mysticism, it's dignity with poverty, it's love of scholarship, it's wit as distinguished from gaiety and never got it quite out of their systems."
This walk through a gallery of Irish icons painted by a number of artists, living here in Dublin, attempts to allow one a sampling of this culture and hopefully whet the appetite to explore it further.
We admit that we have omitted many more clues to this investigation than we have included, and this is not a "best of" list but simply an introduction to those whom, among the many, we think will excite, deepen, flavour and inform your visit and your understanding of the Irish enigma.
Take your time and enjoy the stroll through this slice of Irish land and when finished pay a visit to our artists at The Icon Factory.
TEMPLE BAR
LÁNA BEDFORT
BEDFORD LANE
AREA SURRENDERED TO PETTY CRIMINALITY
WHICH DO YOU WANT?
← THIS OR THIS →
WE NEED YOUR SUPPORT
E ICON WALK - WALLS
MEN WRITERS OF IRELAND
RRY CLARKE STAINED GLASS
SH CLOTHING SINCE THE 20s
ESIS OF THE IRISH NATION
BALLS, CRACKPOTS & ASSORTED GENIUS
K AND TRADITIONAL MUSIC REVIVAL
YWRIGHTS
AT MOMENTS IN IRISH ROCK
TS AND NOVELISTS
SH HUMOUR
SH MOVIES & ACTORS
ALL OF IRISH SPORTS
RIVER LIFFEY
ASTON QUAY
BEDFORD LANE
ADAIR LANE
ASTON PLACE
PRICE'S LANE
FLEET ST
The Icon Walk is approved by
DUBLIN
UNESCO
City of Literature
Maynooth University
National University of Ireland Maynooth
upported by
THE IRELA

Nervenkitzel gefällig?

52 Zipit Forest Adventures, Roscommon

Um in einem Hochseilpark Spaß zu haben, muss man kein Kletterprofi sein. Über einen gewissen Fitness-Level und Schwindelfreiheit sollte man aber schon verfügen, um sich in luftiger Höhe auf Seilen, einer wackeligen Seilbrücke, schmalen Holzstegen und einer Flying-Fox-Rutsche von Baum zu Baum zu bewegen. Also, bequeme Klamotten anziehen, Kletterschuhe oder feste Sportschuhe einpacken, und los geht's.

Der Zipit-Hochseil-Abenteuerpark in der atemberaubenden Landschaft des Lough Key bietet Spannung und Abenteuer für Jung und Alt. Die „Circuits" (Rundkurse) in verschiedenen Schwierigkeitsgraden und einer Höhe von 1–20 Metern über dem Boden sind in einer natürlichen Waldumgebung angelegt und bieten die perfekte Flucht aus der Hektik des Alltags. Klettert man hoch in die Baumwipfel, fühlt man sich dabei so glücklich wie in der Kindheit, vom Schwingen in Frachtnetzen ganz zu schweigen. Balanciert man über schwingende Baumstämme, rast man mit dem BMX über eine schmale, geländerlose Holzbrücke oder saust man auf einer der vielen Seilrutschen hinunter, wird ganz schön viel Adrenalin freigesetzt. Aber keine Angst, Sicherheit wird im Zipit großgeschrieben. Ausgerüstet mit Gurt und Sicherungsgerät sowie einer professionellen Einweisung vorab kann beim Klettern, Rutschen, Schwingen und BMXen nichts schiefgehen. Ausgebildetes Personal steht für Fragen jederzeit zur Verfügung.

Der Zipit-Hochseilpark liegt am Südufer des knapp 844 Hektar großen Lough Key und ist Teil des gleichnamigen Forest Parks. Wer nichts mit Nervenkitzeln am Hut hat, findet im Park jede Menge weniger aufregende Aktivitäten. Man kann sich ein E-Bike leihen und auf dem ausgewiesenen 8 Kilometer langen E-Bike-Trail durch den Wald und entlang des Wassers radeln, dem Wassersport frönen, im See schwimmen oder sich ein Kajak ausleihen und zu einer der über 30 Inseln des Sees paddeln. Lieber Faulenzia auf dem Wasser? Dann eine Bootstour buchen.

● Lough Key Forest & Activity Park, Boyle, County Roscommon,
Tel. +3 53 (51) 85 80 08, www.loughkey.ie

Auf ein Guinness mit JFK

53

Mulligan's, Dublin

Viele Dubliner nennen die Kneipe „The Home of the Pint", weil es dort ihrer Meinung nach das beste Pint Guinness der Welt gibt. Tatsache ist, dass nur wenige Pubs mit der Geschichte von Mulligan's mithalten können. Es war einmal der Journalisten-Pub Dublins schlechthin. Gleich um die Ecke befand sich seit den 1930er-Jahren das Gebäude der „Irish Press". Die Reporter aßen hier zu Mittag, führten Interviews mit Politikern und tranken ihr Feierabend-Pint. John F. Kennedy, der 1945/46 als Korrespondent für die Hearst Newspapers in Europa weilte, schaute auch öfter mal auf ein Guinness vorbei – sein Konterfei lächelt von der Wand. Dass er sich gegen den Journalismus und für die Politik entschied, erwies sich letztendlich als fatal. James Joyce, der Anfang des 20. Jahrhunderts Gast war, verewigte Mulligan's in seinem Buch „Dubliners". Stammgäste waren neben Presseleuten auch viele Schauspieler des 1962 abgerissenen Theatre Royal. Hollywood-Ikone und Sängerin Judy Garland („Somewhere over the rainbow") war 1951 für mehrere Auftritte engagiert, kam nach der Show ins Pub und pokerte die halbe Nacht. Julia Roberts feierte hier im Juni 1991 den Bloomsday, und Sean Penn traf sich mit dem irischen Regisseur Jim Sherida auf ein Guinness im Pub.

Die Mulligans gründeten das Pub 1782 in der Thomas Street, zogen im Laufe der Jahrzehnte aber immer wieder um, bis Nachfahre John Mulligan die Kneipe 1854 in der Poolbeg Street eröffnete. Als die Irish Press 1995 in Konkurs ging, verlor Mulligan's zahlreiche Stammkunden und rechnete mit finanziellen Verlusten, hatten die Ausgaben der Reporter doch einen großen Teil der Einnahmen ausgemacht. Zum großen Minus kam es nicht, denn der „Celtic Tiger" (Irlands Wirtschaftsboom) stand in den Startlöchern. Statt Presseleuten bevölkerten nun junge Anzugträger das Pub – bis zur Finanzkrise 2008. Heute ist das Publikum gemischt, auch die schreibende Zunft zählt wieder zu den Gästen.

- Mulligan's, 8 Poolbeg Street, Dublin 2, Tel. +3 53 (1) 6 77 55 82
- ÖPNV: Bus 9, 46A, Haltestelle D'Olier Street

PLEASE USE MOBILE PHONES
OUTSIDE PREMISES
BULMERS
Original
FIVE
LAMPS
LAGER
FIVE
LAMPS
IPA
KILKENNY
DRAUGHT
HARP
IRISH LAGER
13
GUINNESS

Füße im Sand

54

Inchydoney Beach, Clonakilty

„Life is better on the beach" lautet ein viel zitierter Spruch, der einem am Inchydoney Beach unvermittelt in den Sinn kommt. Er bietet alles, was das Strandliebhaberherz begehrt: feinen goldenen Sand, türkisfarbenes Wasser, Dünen, Felsen, eine von Kliffen umsäumte Bucht und ringsum viel Grün. An dem weitläufigen, mit einer Blauen Flagge ausgezeichneten Strand, der als einer der schönsten Irlands gilt, findet man auch in der Hochsaison noch ein einsames Fleckchen. Zum Baden ist es meist auch im August zu kalt, da die Wassertemperaturen selten über 14 Grad steigen, aber der Sand an den nackten Füßen fühlt sich den ganzen Sommer über gut an. Zudem hat man nirgendwo sonst so viel Ruhe wie am Meer – ob bei einem Strandspaziergang oder beim Lesen auf einer Strandmatte. Der Rhythmus der Wellen und der Duft der salzigen Luft wirken beruhigend, Sorgen, die man eben noch hatte, verflüchtigen sich beim Blick auf die Weite des Strandes und des Wassers.

Der 450 Meter lange Strand liegt auf der Insel Inchydoney, die auf Irisch „Inse Duine" heißt, was „Insel der Dünen" bedeutet. Sie ist über zwei schmale Dammstraßen mit dem Festland verbunden, die bei einsetzender Flut gerne mal unter Wasser stehen. Der Inchydoney Beach ist durch die Landzunge Virgin Mary Headland in zwei Teile geteilt, wobei der Abschnitt rechts der felsigen Zunge aufgrund des stärkeren Wellengangs beliebter Surfer-Hotspot ist. Corks älteste Surfschule (Inchydoney Surf School) befindet sich nur einen Steinwurf vom Strand entfernt.

Nicht weit von Inchydoney liegt das schmucke Küstenstädtchen Clonakilty, Geburtsort des irischen Nationalhelden Michael Collins, der den Grundstein für ein freies Irland legte, als er 1921 den Anglo-Irischen Vertrag aushandelte. Das Museum Michael Collins House am Emmett Place in Clonakilty informiert über das Leben des charismatischen Politikers und zeigt wichtige Stationen des irischen Unabhängigkeitskampfes.

TIPP

Wieso nicht mal einen Anfängerkurs im Surfen buchen? www.inchydoneysurfschool.com

● Inchydoney Beach, Inchydoney Island, County Cork

Mystik auf dem Wasser

55 Boyne Boats Adventure, Oldbridge

Sich mit einem Currach fortzubewegen, macht Spaß. Das traditionelle irische Arbeitsboot besteht aus einem leichten Holzgerippe, das mit dünnem Leder bespannt und geteert wird. Currachs (ch wird wie k ausgesprochen) werden seit 2000 Jahren zum Fischen und Torftransport benutzt. Beim Boat Adventure rudert man mit einem Guide auf dem Boyne Canal in einem 7 Meter langen Currach, das Platz für acht Personen bietet. Das Boot gleitet im Takt der Ruderschläge unter Bäumen, die sich am Ufer über den Kanal beugen, dahin. An einigen Baumstämmen befinden sich *fairy doors*, bunte Türchen, die ins Reich der Feen führen. Der Feenglaube in Irland ist groß. Bald heißt es, Ruder ruhen lassen und zuhören. Der Guide erzählt die Legende der mythischen Göttin Boann, die den River Boyne durch ein Unglück erschuf. Sie war die Gattin Nechtans, der ihr verboten hatte, sich dem magischen Brunnen von Segais zu nähern, der von neun Haselnussbäumen umgeben war. Nüsse, die in den Brunnen fielen, wurden von den gesprenkelten Lachsen vertilgt, die zusammen mit den Haselnüssen die Weisheit in der irischen Mythologie verkörpern. Boann forderte die Kraft des Brunnens heraus, indem sie gegen den Uhrzeigersinn um ihn herumging. Daraufhin stieg das Wasser an und stürzte zum Meer hinab, wodurch der Boyne entstand. Boann wurde von den Wassermassen mitgerissen und verlor ihr Leben. Das neu entstandene Gewässer wurde nach ihr benannt und später in Boyne anglisiert. Berühmt ist der Fluss für die „Schlacht am Boyne", wo sich 1690 nahe Drogheda die Armeen von James II., dem letzten katholischen König Englands, und Wilhelm von Oranien gegenüberstanden. An der Schlacht nahmen 61.000 Soldaten teil. Mit 36.000 Mann war Wilhelm deutlich in der Übermacht und siegte, James suchte das Weite. Irland litt jahrhundertelang unter dieser Niederlage. Nach einer kurzen Runde auf dem Fluss wendet das Currach mithilfe eines Motors und es geht zurück auf den Kanal.

● Boyne Boats Adventure, Oldbridge, County Louth, Tel. +3 53 (86) 3 61 64 20
www.boyneboats.ie

Schlemmen mit Stil

56 The Lord Mayor's Lounge, Dublin

Wohlfühloasen machen glücklich, schlemmen in schönem Ambiente, umgeben von Kunst, ebenso. Beides vereint bietet die Mayor's Lounge im legendären Shelbourne Hotel.

Mit zahlreichen Originalkunstwerken, dem offenen Kamin, in dem an kalten Tagen Flammen lodern, den großen Fenstern mit Blick auf St. Stephen's Green und den prächtigen Kronleuchtern gilt sie als kultigster Salon des Landes. Unter den Gemälden an den pastellgelben Wänden befinden sich ein Werk von „Goethe-Maler" Johann Wilhelm Tischbein, mehrere Werke der irischen Maler Paul Henry, George Mullins und Nathaniel Hone the Younger, der Briten Thomas Robert, Gavin Hamilton und John Knox sowie des Italieners Pompeo Batoni – alles Leihgaben der National Gallery of Ireland und der National Gallery of Scotland. Am Nachmittag wird in der Lounge Teatime zelebriert, ab 19 Uhr Abendessen serviert, auch vegan und vegetarisch.

TIPP

Cocktails schlürfen in der No. 27 Bar im Shelbourne

Ihren Namen hatte die Lounge weg, als der erste neu gewählte Oberbürgermeister (Lord Mayor) von Dublin nach der Unabhängigkeit Irlands vor seinem Amtsantritt die erste Tasse Tee des Tages im Shelbourne Hotel trank und damit eine Tradition initiierte.

Das Shelbourne entstand 1824, als Martin Burke aus Tipperary sich einen lang gehegten Traum erfüllte er wollte das feinste Hotel Dublins eröffnen. Dazu mietete er drei Häuser an der nobelsten Adresse der Stadt: Nummer 27-29 St. Stephen's Green, legte sie zusammen, ließ sie zu einem Hotel umbauen und benannte dieses nach dem ehemaligen britischen Premierminister William, 2nd Earl of Shelburne, setzte vor das u aber ein o. Innerhalb kurzer Zeit war das Shelbourne beliebter Treffpunkt der Irish Upper Class. Burke mietete weitere Häuser an und machte das Hotel zum größten der Stadt.

Während des Bürgerkriegs war das Shelbourne Heimstatt der neuen Armee Irlands, der IRA, und von Februar bis Mai 1922 arbeitete das Constitution Committee unter Vorsitz von Michael Collins in Zimmer 112 die irische Verfassung aus.

- The Lord Mayor's Lounge, The Shelbourne Hotel, 27 St. Stephen's Green, Dublin 2, www.theshelbourne.com/dine-drink/the-lord-mayors-lounge
- ÖPNV: Bus 40, Haltestelle Kildare Street

Im Foodie-Paradies

57 The Milk Market, Limerick

Die Auswahl lässt jedes Schlemmerherz höherschlagen: köstliche Crêpes, Wraps, Gourmet-Sandwiches, exotische Chutneys, Bauernkäse, Pasteten, Gebäck, handgemachte Pralinen und vegane Leckereien. Man weiß gar nicht, wo man zuerst zulangen soll. Von fangfrischem Fisch und Seafood, Bio-Obst und -Gemüse bis hin zu Milchprodukten und frisch gebackenem Brot – auf dem Milk Market findet man die besten regionalen Produkte, die das County Limerick zu bieten hat. Es sind aber nicht nur die Vielfalt und Qualität der Esswaren, die den Markt so besonders machen, sondern auch die Menschen und die einzigartige Atmosphäre des Ortes, der zum Erkunden, Genießen und zum Entdecken neuer Geschmacksrichtungen einlädt.

Die meisten Standbetreiber sind selbst Produzenten der von ihnen angebotenen Lebensmittel, beantworten ausführlich Fragen zu ihren Produkten und lassen Interessierte vor dem Kauf auch gerne mal kosten. Milchprodukte? Crawford's Farm und The Flying Cheese Brigade lassen grüßen, Country Choice verführt mit seinen Delikatessen, die Sunflower Bakery mit ihrem Brot und vegane Gourmets zieht es zum „Happy Food at Home"-Stand von Ciara Brennan, die eine bunte Auswahl an pflanzenbasierten Gerichten anbietet, darunter leckere Lasagne, Quiches, Samosas und ihr Renner, der farbenfrohe Rainbow Salad aus Linsen und buntem Gemüse. Kein Foodie? Unter den rund 50 Ständen und 21 Ladeneinheiten befinden sich auch Shops mit Antiquitäten, Kunsthandwerk und Mode.

Der Milk Market, in den 1850er-Jahren zunächst als Open-Air-Markt für Milchprodukte gegründet, wurde 2010 restauriert, mit Irlands größtem einsäuligen Stützdach versehen und bietet seitdem auch bei Regen Einkaufsgenuss. Für das außergewöhnliche Allwetterdach hat der Milk Market bereits zweimal den irischen Architekturpreis (Irish Architecture Award) gewonnen. Der Markt öffnet seine Tore an Wochenenden.

● The Milk Market, Market House, Mungret Street, Limerick City, County Limerick, Tel. +3 53 (61) 21 47 82, www.milkmarketlimerick.ie

Lemon Meringue
€2.20

Wunder der Natur

58 Burren National Park

Mit ihrem grauen Kalkstein in Form von Plateaus und Kuppen ähnelt die karge Gegend einer Mondkraterlandschaft. Nur dort, wo sich Erde in Spalten gesammelt hat, wachsen spärlich Gras und Wildblumen, welche die Karstlandschaft im Frühjahr und Sommer in einer bunten Farbenpracht erleuchten lassen. Auf dem steinigen Gebiet liegen zahlreiche Höhlen, vor- und frühgeschichtliche Monumente wie Ringforts, Dolmen sowie Burg- und Klosterruinen. Burren, aus dem irischen „Boíreann" abgeleitet, bedeutet „steiniger Ort". Die faszinierende Steinwüste erstreckt sich über 260 Quadratkilometer – von den Kalksteinterrassen des Hochlandes bis zur Küste. Kern des Burren bildet der gleichnamige 15 Quadratkilometer große Nationalpark im Südosten der Karstlandschaft, wo sieben ausgeschilderte „Walking Trails" zum Wandern einladen. Jeder Wanderweg hat seinen eigenen Zauber und sorgt für Staunen. So zum Beispiel der 2 Kilometer lange steinige Rundweg „Slieve Carran" (Yellow Route), der mit wilden Orchideen bewachsenen Graslandschaften lockt. Auf dem 500 Meter längeren „Slieve Carran" (Browne Route) liegen ein Heiliger Brunnen (Holy Well), eine Höhle sowie ein steinernes Oratorium – im 7. Jahrhundert befand sich hier eine Einsiedelei. Längster Wanderweg ist mit 7,5 Kilometern der Mullaghmore Loop (Blue Route), der um den Gipfel des Mullaghmore Mountain führt und entlang des Ufers des Lough Gealáin. Für weniger Wanderfreudige ist der Nature Trail (White Route) ein Highlight, da dieser in den Sommermonaten vom kostenlosen Nationalpark-Busservice bedient wird. Der 1,5 Kilometer lange Rundwanderweg, der durch alte Eschen- und Haselwälder innerhalb einer Doline, Heuwiesen und über Kalkstein führt, bietet atemberaubende Ausblicke auf den Mullaghmore und Lough Gealáin. Da steinige Flächen und loses Gestein im Burren dominieren, sind festes Schuhwerk, am besten Wanderschuhe, ein Muss.

TIPP

Unterirdische Welt: Aillwee Cave in Ballyvaughan im Herzen des Burren (nicht im Nationalpark)

● Burren National Park, Corofin, County Clare, Tel. +3 53 (65) 6 82 76 93
www.nationalparks.ie/burren

Singend durch die Stadt

59 Dalton's Musical History Tour, Dublin

„In Dublin's fair city where the girls are so pretty, I first set my eyes on sweet Molly Malone", singt Mezzosopranistin Fiona Dalton vor der Statue der berühmten Fischverkäuferin, die samt ihrem Fischkarren in Bronze gegossen vor der St. Andrew's Church steht. Ob die Molly Malone aus dem über 140 Jahre alten Lied tatsächlich existierte, ist nicht belegt. Die Ballade wurde in den vergangenen Jahrzehnten von verschiedenen Gruppen und Interpreten so oft gesungen, dass sie irgendwann zur inoffiziellen Hymne Dublins wurde. Molly Malone ist der dritte Stopp der „Musical History Tour" von Fiona Dalton, die passend dazu in die typische Kleidung der Jahrhundertwende geschlüpft ist.
Die beschwingte Stadtführung startet an der Christ Church Cathedral, Dublins ältestem Gotteshaus, wo Fiona Händels „Hallelujah! Hallelujah!" singt. Georg Friedrich Händel (1685–1759), der 1712 nach London emigriert war, kam im November 1741 nach Dublin und probte in der Christ Church seinen Messias. Das Oratorium wurde im April 1742 in der New Music Hall in der nahen Fishamble Street mit Händel am Cembalo uraufgeführt. Das Gebäude existiert längst nicht mehr. Ein steinerner Torbogen markiert die Stelle, wo sich einst der Eingang befand.
Am Dublin Castle zollt Fiona mit dem Lied „The Foggy Dew" den Freiheitskämpfern Hommage, die für die Unabhängigkeit Irlands ihr Leben ließen. Die Ballade erzählt vom Osteraufstand 1916. Zahlreiche Anekdoten gibt es über das Olympia-Theater in der Dame Street und noch mehr über eine der bekanntesten Darstellerinnen, Maureen Potter, deren „A Dublin Saunter" Fiona im Hinterhof des alten Theaters zum Besten gibt. Einen Spaziergang weiter an der Liffey erinnert das Lied „The Old Bog Road" an das Heimweh der irischen Emigranten im 19. Jahrhundert. Die unterhaltsame Tour endet im „Viking and Medieval Dublin" hinter der Christ Church mit dem berühmten Song „Green Sleeves", der so schön ist, dass man ihn einfach mitsingen muss.

● Dalton's Musical History Tour, Startpunkt: Christ Church Cathedral, Christchurch Place, Dublin 8, Tel. +3 53 (08) 76 97 95 76, www.daltonsmusicalhistorytour.com

stags head
upstairs
lounge
PUB IN IRELAND
2019
GUINNESS
TEELING
DISTILLERY

Im Schokoladenhimmel

60 Wilde Irish Chocolates, Tuamgraney

„Money can't buy you happiness, but it can buy chocolate" – ein hervorragender Ersatz, wenn die Laune mal im Keller ist. Der süße Duft, der einem beim Betreten der Schokoladenmanufaktur in die Nase zieht, ist zum Dahinschmelzen. Man kann sich kaum sattsehen und -riechen. Schokoladentafeln und Pralinen, so weit das Auge reicht. Helle und dunkle Sorten in den Geschmacksrichtungen Salted Caramel, Chilli Kiss, Midnight Mint, Meeresalgen mit Limette, Cranberry, Lavendel und Rose, Whiskey-Trüffel, Pistazie, Peanut Butter und, und, und, sowie zahlreiche vegane und Bio-Fairtrade-Schokoladen. Am liebsten möchte man von jeder Sorte eine kaufen.

Die Anfänge von Wilde Irish Chocolates liegen in der Küche von Patricia und Con Farrell, wo die beiden in den 1990er-Jahren begannen, mit belgischer Schokoladenkuvertüre zu experimentieren und sich durch Learning by Doing beibrachten, wie man Schokolade herstellt. Als sie ihre ersten handgeschöpften Tafeln und Pralinen verkauften und sie damit bald ziemlich erfolgreich waren, erweiterten die Farrells ihr Sortiment und verlagerten die Produktion 1997 von der heimischen Küche in eine eigene kleine Schokoladenfabrik am Ufer des Lough Derg in Tuamgraney. „Bean to Bar" (von der Bohne zum Riegel) ist das Motto – das heißt, dass von der Kakaobohne bis zur fertigen Praline oder Schokoladentafel alle Produktionsschritte in der hauseigenen Manufaktur durchgeführt werden. Bereits in den ersten fünf Jahren heimste Wilde Irish Chocolates fünf „Great Taste Awards" ein. Die kleine Produktionsstätte inmitten der spektakulären Karstlandschaft des Burren ist für die Öffentlichkeit zugänglich. Ein Rundgang ermöglicht einen hautnahen Einblick in die Herstellung der handgefertigten Schokoladenleckereien. Je nach gebuchter Führung darf von mehreren Sorten genascht oder selbst Hand angelegt und die eigene Schokolade unter Anleitung fantasievoll kreiert werden. An kalten Tagen sorgt eine Tasse heiße Schokolade im hauseigenen Café für wohlige Wärme.

● Wilde Irish Chocolates, Chocolate Factory, Unit 6, Enterprise Centre, Tuamgraney, County Clare, Tel. +353 (61) 92 20 80, www.wildeirishchocolates.com

Wilde
Irish chocolates
OPEN
ENTER HERE
Wilde
Irish chocolates
OPEN
CHOCOLATE FACTORY
COFFEE
HOT CHOCOLATE

Filmreifer Strand

61

Curracloe Beach, Wexford

Es gibt nicht viele Strände, an denen man einen Hauch wahrer Filmmagie spürt. Der Curracloe Beach ist einer davon. Er ist aber auch ein Hingucker, dieser weitläufige helle Sandstrand, der sich über 11 Kilometer erstreckt. In den schier endlosen Dünen blühen im Sommer Pflanzen in den schillerndsten Farben und Schmetterlinge flattern von einer Blüte zur nächsten. Im Süden flankiert der Strand das Raven-Wood-Naturschutzgebiet, im Norden liegt der Cahore Beach. Kein Wunder, wählten ihn Location Scouts als perfekten Drehort für Hollywood-Produktionen. Für sein Kriegsepos „Der Soldat James Ryan" mit Tom Hanks inszenierte Stephen Spielberg 1997 am Curracloe Beach die Landung der Alliierten in der Normandie im Juni 1944. An den historischen Stränden von Omaha Beach konnte er nicht drehen, da sie Denkmäler sind, also musste ein ähnlicher Ort her. Der Curracloe Beach kam dem Originalschauplatz ziemlich nahe, ganz besonders der Strandabschnitt beim Örtchen Ballinesker. Im Jahr 2015 nutzte der irische Regisseur John Crowley den Strand für sein Filmdrama „Brooklyn". Der Film erzählt die Geschichte der jungen Irin Eilis Lacey aus Enniscorthy im County Wexford, die 1951 in die USA emigriert und in Brooklyn eine Stelle als Verkäuferin in einem Kaufhaus annimmt. Beim Tanzen verliebt sich Eilis in den Italo-Amerikaner Tony. Als ihre Schwester unerwartet stirbt, reist Eilis nach Irland zurück, um ihrer Mutter beizustehen, heiratet vor der Abreise jedoch noch schnell Tony. Zurück in Irland verheimlicht sie ihre Hochzeit und verschiebt ihre Rückreise immer wieder. Der Grund ist Jim, ein junger Mann aus gutem Haus, mit dem sie sich am Curracloe Beach trifft. Um ein langes Drama kurz zu machen: Letzten Endes reist Eilis zu Tony zurück nach Brooklyn.

Die Menschen an der Südostküste wussten schon immer, was sie an ihrem traumhaften Strand mit dem superweichen Sand hatten, seit „Brooklyn" in den Kinos lief, wissen es auch andere.

TIPP

In Enniscorthy gelangen Filmfans mit der „Movie Tour Map" zu den Schauplätzen von „Brooklyn".

● Curracloe Beach, County Wexford

Kaffee macht glücklich

62 Cork Coffee Roasters, Cork

Beim Betreten des Coffeeshops strömt einem der unwiderstehliche Geruch von frisch geröstetem Kaffee entgegen. Dieser stammt zwar nicht aus der Röstmaschine, die mehr zur Zierde im Laden steht, sondern wird täglich aus der hauseigenen Rösterei geliefert, wo grüne Arabica-Bohnen auf einem traditionellen gusseisernen Kaffeeröster aus den 1930er-Jahren geröstet werden. Auch wenn die Methode zeitaufwendig ist, so werden auf diese Weise aus jeder Kaffeebohne wunderbare Geschmäcker und Aromen hervorgebracht und damit der beste Kaffee in Cork.

Der kleine Coffeeshop in der Bridge Street ist im Shabby-Chic-Stil eingerichtet. An der rechten Wand befinden sich Regale mit Tassen und Kaffeezubehör sowie Bilder, darunter ein Foto von John Lennon, dessen Großeltern aus Irland stammten. An der gegenüberliegenden Wand hängen wechselnde Gemälde lokaler Künstler, die zum Kauf angeboten werden. Es gibt nur wenige Tische und Stühle, aber hat man erst einmal einen freien Platz ergattert, kann man es sich hier problemlos ab acht Uhr morgens den ganzen Vor- oder Nachmittag über gemütlich machen. Mit einem Buch in der Hand, dem Laptop auf dem Tisch oder im Gespräch mit einem der Stammgäste. Tatsächlich trifft man bei Cork Coffee Roasters mitunter die interessantesten Menschen.

„Keep it simple, traditional and small" war das Motto von John und Anna Gowan, als sie den Coffeeshop 2008 eröffneten. Die beiden lebten mehrere Jahre im Pazifischen Nordwesten (USA), wo John eng mit einer kleinen Gruppe unabhängiger Kaffeeröster zusammenarbeitete und eine umfassende Ausbildung zum Röster absolvierte, bevor er mit seiner Frau Anna nach Cork zurückkehrte. Heute beliefert Cork Coffee Roasters Großhandelskunden in ganz Irland. Dem Coffeeshop in der Bridge Street folgten wenige Jahre später zwei weitere Shops in Cork: Cork Coffee Roasters in der French Church Street und in der Anglesea Street.

TIPP

Als Mitbringsel für zu Hause: „Rebel Espresso Blend", im Coffeeshop erhältlich

● Cork Coffee Roasters, 2 Bridge Street, Victorian Quarter, Cork, County Cork, Tel. +3 53 (87) 7 76 63 22, www.corkcoffeeroasters.ie
● ÖPNV: Bus 208 oder 212, Haltestelle Curtain Street

WE ARE PROUD
TO ROAST THE WORLD'S
FINEST COFFEES HERE
IN CORK

Zauber der Poesie

63 Yeats Room im Sligo County Museum

„Land of Heart's Desire" betitelte Irlands Nationalpoet eines seiner Theaterstücke, das in Sligo spielt, der Grafschaft, die er Land seines Herzens nannte. Hier, an der rauen Nordwestküste mit ihren Bergen, Seen und unzähligen Legenden fand William Butler Yeats (Aussprache wie Yates) seine Inspiration. Der 1865 in Dublin geborene Dichter und Dramatiker verbrachte seine Kindheit in Sligo, der Heimat seiner Mutter. Als Erwachsener zog es ihn immer wieder hierher zurück. Er war mit dem Landstrich so verbunden, dass dieser heute auch als Yeats County bekannt ist. Das Sligo County Museum widmete ihm mit dem „Yeats Room" einen Ausstellungsbereich, dessen Schwerpunkt auf Manuskripten, Memorabilia, Erstausgaben, Fotografien sowie einer vollständigen Sammlung seiner Gedichte von 1889 bis 1936 liegt. Ebenfalls zu sehen ist eine Kopie der Nobelpreismedaille des Dichters, der 1923 als erster Ire den Nobelpreis für Literatur erhielt „für seine stets von hoher Eingebung getragenen Dichtungen, die in vollendeter künstlerischer Gestalt das Wesen einer Nation zum Ausdruck bringen". Seine frühen Gedichte sind erfüllt von der Schönheit Sligos, wie „The Lake Isle of Innisfree", das von der unbewohnten Insel im Lough Gill handelt und der Sehnsucht nach Einsamkeit in der Natur. Im Museum sind auch Gemälde seines Bruders Jack Butler Yeats ausgestellt, der 1924 als erster Ire eine Olympiamedaille erhielt. Allerdings nicht für eine sportliche Leistung, sondern für sein Gemälde „The Liffey Swim" (National Gallery of Ireland, Dublin). Zwischen 1912 und 1948 kämpften auch Künstler um olympisches Gold.

Nach seinem Tod 1939 wurde W. B. Yeats wunschgemäß im Land seines Herzens begraben – auf dem Friedhof der St. Columba's Church im Dorf Drumcliff am Fuße des markanten Tafelberges Ben Bulben, dem magischen Berg seiner Kindheit. Sein Grabstein trägt die Inschrift: „Cast a Cold Eye on Life, on Death. Horseman pass by." Die Worte stammen aus seinem Gedicht „Under Ben Bulben".

TIPP

Noch mehr über den Dichter gibt es bei der Yeats Society im Yeats Building, Hyde Bridge, Sligo.

● Sligo County Museum, 3 Stephen Street, Sligo, County Sligo,
Tel. +3 53 (71) 9 11 16 97, www.sligoarts.ie/venuesprofile/sligocountymuseum

IPR INSURANCES

Himmlische Aussichten

64 The Irish Sky Garden, Skibbereen

Was hat der amerikanische Lichtkünstler James Turrell da nur für ein einzigartiges Naturkunstwerk installiert. Durch einen schmalen Betontunnel und über eine Treppe an dessen Ende gelangt man in den Sky Garden, einen grasbewachsenen ovalen Erd- und Steinkrater. In seiner Mitte befindet sich ein Steinsockel, der einem ägyptischen Sarkophag ähnelt. Legt man sich rücklings darauf, blickt man in ein Stück Himmel, das von den Rändern des 50 mal 25 Meter großen elliptischen Kraters eingerahmt wird. Je nach Tageszeit, Sonneneinstrahlung und Wolkenbildung erlebt man dabei immer wieder neue Impressionen. Die Akustik im Krater ist so, dass von außen kein Ton nach innen dringt und man auf diese Weise dazu ermutigt wird, die Umgebung in kompletter Stille zu erkunden. Liegt man auf dem Stein, scheint die Zeit nach einer Weile stillzustehen und es ist, als gäbe es in diesem Moment nichts anderes auf der Welt als das Himmelsblau und die Wolken oder bei Nacht die Sterne. Es ist schwer, den Zauber des Sky Garden zu beschreiben, man muss ihn fühlen. James Turrell hat das begehbare Naturkunstwerk in den 1990er-Jahren auf dem hügeligem Wald- und Wiesengelände des wunderschönen Liss Ard Estate geschaffen. Mit seiner ungewöhnlichen Installation beabsichtigte er, Menschen einen einzigartigen Blick auf das Himmelsgewölbe zu bieten – tagsüber, bei strahlend blauem Himmel, wenn die Wolken vorbeiziehen oder nachts, wenn die Sterne darüber leuchten. „Das Wichtigste ist, dass das Innere ins Äußere übergeht und umgekehrt, in dem Sinne, dass sich die Beziehungen zwischen der irischen Landschaft und dem Himmel verändern“, so Turrell über sein Werk.

Berühmt wurde der Künstler, als er ab 1974 mit dem Roden Crater im Vulkanfeld der San Francisco Peaks in Arizona das größte Kunstwerk der Welt schuf. Über Jahre hinweg installierte er in dem erloschenen Vulkankrater eine unterirdisch angelegte Lichtinstallation – aber das ist eine andere Geschichte.

TIPP

Übernachtung im Liss Ard Estate Hotel – man gönnt sich ja sonst nichts. www.lissardestate.ie

● The Irish Sky Garden, Liss Ard Estate, Russagh, County Cork

Uriger geht's nicht

65 Sean's Bar, Athlone

Das Feuer knistert im offenen Kamin. Am uralten Tresen drängen sich neben Einheimischen, die auf ihr Feierabendbier warten, amerikanische Touristen, und der Barkeeper zapft an mehreren Hähnen gleichzeitig, um allen gerecht zu werden. Auf dem Boden liegen Sägespäne, um sicherzustellen, dass es bei starkem Regen nicht rutschig wird. Da man nie weiß, wann der nächste Regenschauer einsetzt, wird täglich gestreut. Die Sägespäne machen Sean's Bar noch uriger, als sie es ohnehin schon ist. Laut Guinness-Buch der Rekorde ist sie mit über 1100 Jahren das älteste Pub Irlands. Den Hinweis auf das Alter lieferten Renovierungsarbeiten im Jahr 1970, als Arbeiter am Gebäude, das aus dem Jahr 1725 stammt und auf Vorgängerbauten errichtet wurde, auf Teile eines alten Lehmbauwerks aus dem Jahr 900 sowie auf Münzen aus jener Zeit stießen. So nahm man an, dass sich an Ort und Stelle eine Taverne befunden haben musste. Eine gründliche Recherche zur Geschichte des Pubs brachte zutage, dass der erste Wirt ein Mann namens Luain war, der das ursprüngliche Gebäude im Jahr 900 als Handelsposten errichtet hatte und vielleicht auch der Stadt ihren Namen gab. Auf Irisch heißt Athlone „Baile Átha Luain“ (befestigte Stadt Luain). Luain's Inn war der Name der Kneipe, bevor Sean Fitzsimons sie 1970 erwarb und in Sean's Bar umtaufte. Seit dem Jahr 2000 sind die Brüder Paul und Tim Donovan Inhaber des Pubs. Als die beiden herausfanden, dass der Ursprung des Destillierens in Irland im 6. Jahrhundert nicht weit von Athlone auf den Inseln im Lough Ree und weiter flussabwärts in den vielen kleinen Klöstern des Shannon seinen Anfang nahm, beschlossen sie, ihren eigenen Whiskey zu kreieren. Heraus kam 2018 der Single Malt „Sean's“, der über einen längeren Zeitraum in Bourbonfässern gereift ist. Das Pub veranstaltet täglich einen historischen Vortrag, in dem Gäste mehr über die faszinierende Geschichte des Whiskeys erfahren und dabei an einem Gläschen des flüssigen Goldes nippen.

● Sean's Bar, 13 Main Street, Athlone, County Westmeath, Tel. +3 53 (90) 6 49 23 58
www.seansbar.ie

THE CASTLE INN
PICTORIAL
GUINNESS

Liebenswerte Botschaften

66

Love Lane, Dublin

Die heutige Love Lane war einst eine der zahlreichen schmutzigen Hinterhofgassen im Temple-Bar-Viertel. Das änderte sich 2014, als der Stadtrat von Dublin die Initiative „Love the Lanes" ins Leben rief, in der es darum ging, die Gassen aufzuräumen und diese mithilfe von lokalen Künstlern in eine Open-Air-Galerie umzuwandeln. In der finsteren, 90 Meter langen Gasse namens Crampton Court, die das Olympia Theatre in der Dame Street mit der Essex Street verbindet, entstand an den Gebäudewänden eine Installation der Dubliner Künstlerin Anna Doran aus Wandgemälden und Kacheln mit Liebeszitaten aus berühmten Filmen, Zeilen aus Liebesliedern, Gedichtversen und einer Vielzahl von aufgemalten Herzen. So verkündet Marilyn Monroe auf einer Kachel: „If you can't handle me at my worst, then you sure as hell don't deserve me at my best" (frei übersetzt: „Wenn du meine schlechten Seiten nicht ertragen kannst, hast du meine guten nicht verdient"). Bad Boy Oscar Wilde rät „Be yourself, everyone else is already taken" („Sei du selbst, alle anderen gibt es schon") und weiß, dass sich selbst zu lieben, der Beginn einer lebenslangen Romanze ist, während Literaturnobelpreisträger George Bernhard Shaw findet, dass Tanzen nur ein vertikaler Ausdruck eines horizontalen Verlangens ist („Dancing is a vertical expression of a horizontal desire"). Als Anna Doran ihre Installation 2022 überarbeitete, lud sie Fans über die sozialen Netzwerke dazu ein, Sprüche für die Kacheln zu kreieren. Die Fans lieferten fleißig. So wie Rory und Paula, die der Meinung sind „Love is … A hug a day" („Liebe ist … eine Umarmung am Tag"), und Lynn und Kenny, die finden, dass sie eine ebenso perfekte Mischung sind wie ein Rockshandy Cocktail. Man findet jedoch auch Worte in zahlreichen anderen Sprachen.
Die Love Lane, eine wahre Schatztruhe an Sprüchen, ist beliebter Selfie-Spot für Verliebte und gilt als die romantischste Form der Street Art in Dublin.

- Love Lane, Crampton Court, Dublin 2
- ÖPNV: Bus 151, 27, Haltestelle Dame Street

I miss you
Love is..
A hug a day

Mystische Oase

67 Nano Nagle Place, Cork

Als Erstes fällt der Blick auf die mit viel Grün flankierte Treppe. Sie führt hinauf in eine Oase aus Kloster, Kapelle, alten Schulgebäuden und prächtigen Gärten. Die Hanglage ermöglicht grandiose Ausblicke über die Stadt, die Gärten mit ihren lauschigen Ecken laden zum Lesen, Nachdenken und Nichtstun ein. Ein Pfeil weist zum interaktiven Museum. Tritt man ein, befindet man sich im Cork des 18. Jahrhunderts und in der Welt der Nano Nagle, die sich unermüdlich für die Armenbildung einsetzte.

Als Honora „Nano" Nagle 1718 als Kind wohlhabender Katholiken in Ballygriffin zur Welt kam, herrschten in Irland die von den Engländern verordneten „Penal Laws" (1695–1829), die den irischen Katholiken sämtliche Bürgerrechte nahmen. Sie durften nicht wählen, keine öffentlichen Ämter bekleiden, keine Ländereien besitzen, nicht unterrichten, selbst Bildung war ihnen verwehrt. Von ihren Eltern wurde Nano deshalb zur Schulausbildung nach Frankreich geschickt, später lebte sie bei Verwandten in Paris. Als ihr Vater 1746 starb, kehrte Nano nach Irland zurück und beschloss, katholischen Kindern aus armen Familien Bildung zu verschaffen. Trotz der bestehenden Strafgesetze gründete sie auf dem Grundstück des heutigen Nano Nagle Place heimlich eine Schule, die so von Erfolg gekrönt war, dass innerhalb der nächsten zehn Jahre weitere sechs Schulen folgten. Am Tag kümmerte sich Nano um ihre Schulen, nach Einbruch der Dunkelheit besuchte sie die Armen der Stadt Cork. Als sie 1771 Geld von ihrem reichen Onkel erbte, ließ sie ein Konvent für Ursulinen bauen, heute das älteste Gebäude im Nano Nagle Place. Da sie selbst den Ursulinen nicht beitreten wollte, gründete sie 1775 ihren eigenen Orden, die Kongregation der Presentation Sisters. Nano starb 1784 im Alter von 66 Jahren an Tuberkulose und fand auf dem Friedhof des Ursulinen-Konvents im heutigen Nano Nagle Place ihre letzte Ruhestätte.

TIPP

Vegetarisch/vegan schlemmen im Good Day Deli im Garten des Nano Nagle Place

● Nano Nagle Place, Douglas Street, Cork City, County Cork, Tel. +3 53 (21) 4 19 35 80
www.nanonagleplace.ie

● ÖPNV: Bus 215, Haltestelle Grand Parade, dann 450 Meter zu Fuß

niel O'Connell & the
sentation Sisters
holics in Ireland had hoped that
ct of Union would bring with it
Emancipation. When their hopes were
ted, their sense of betrayal was seized
niel O'Connell, a Catholic barrister
Kerry. He became the leading figure
tholic Association, founded in 1823
ign for the removal of discrimination
Catholics. O'Connell travelled around
olding 'Monster Meetings' where
s would gather to hear his
tic speeches.
ravels O'Connell visited a number of Presentation convents.
while supporting a pro-Catholic Emancipation candidate in
rd, O'Connell had breakfast with the Presentation Sisters. Clearly
ed by the Presentation Sisters, over a decade later he invited
establish a convent in Caherciveen in his home county of Kerry.
ght a property for them and one of the first sisters to move there
cousin Sr Joseph O'Mahony.
nell was central to the success of the campaign for Catholic
pation. In 1828, he stood as a parliamentary candidate in Co.
nd won. His success ushered in Catholic Emancipation in 1829
e following year O'Connell was one of the first Catholics to take
eat in Parliament at Westminster.
Charter School
Charles Bian
Rahar
Wex

Historisch schlafen

68 Scholars Townhouse, Drogheda

Ob es daran liegt, dass es mal ein Kloster war, dass man hier so himmlisch schlummert und träumt? Oder ist es die ruhige Lage und absolute Stille in der Nacht? Ganz zu schweigen von der bequemen Matratze und den perfekten Kopfkissen. Vielleicht ist es von allem etwas.
Das Scholars Townhouse wurde 1867 als Kloster für den römisch-katholischen Laienorden Christian Brothers erbaut und diente diesem über 100 Jahre lang als Zuhause. Im Jahr 2001 erwarben Martin und Patricia McGowan das schmucke rote Ziegelsteingebäude mit den Buntglasfenstern, restaurierten und modernisierten es mit viel Liebe zum Detail und funktionierten das alte Haus in ein Boutique-Hotel um, ohne dass dabei der historische Charme und das umwerfend schöne Ambiente verloren gingen.

TIPP

Afternoon Tea mit Scones, Sandwiches und Süßem in der stilvollen Gastrolounge des Scholars Townhouse

In den holzgetäfelten Fluren des geschichtsträchtigen Hauses, das nicht nur Kloster, sondern auch eine von den Christian Brothers geleitete Jungenschule war, hängt ein Hauch Nostalgie. Viele Wände sind mit Fotos ehemaliger Schüler gespickt. Darunter der Freiheitskämpfer Éamonn Ceannt, Unterzeichner der irischen Unabhängigkeitserklärung von 1916, und der „Ire des 20. Jahrhunderts", Wirtschaftswissenschaftler und Diplomat T.K. Whitaker. Der berühmteste „Ehemalige" war der Erfinder John Philip Holland (eigentlich Seán Ó Maolchalann), der 1858 den Christian Brothers in Limerick beitrat und später an der Schule in Drogheda Mathematik unterrichtete. 1873 verließ er den Orden, wanderte in die USA aus und konstruierte 1877 das erste U-Boot für die US-Marine, die Holland I., zwei Jahre später die Fenian Ram/Holland II, aber erst mit der Holland VI schuf er 1897 das erste tatsächlich einsatzfähige U-Boot der US-Marine, das diese nach zweijähriger Testzeit im Jahr 1900 als USS Holland in ihren Dienst stellte. Im Garten des Scholars Townhouse befindet sich ein unübersehbares Denkmal, das die bemerkenswerten Leistungen des ehemaligen Lehrers würdigt.

● Scholars Townhouse, King Street, Drogheda, County Louth,
Tel. +3 53 (41) 9 83 54 10, www.scholarshotel.com

SCHOLARS
TOWNHOUSE HOTEL

In die Pedale treten

69 Radeln im Phoenix Park, Dublin

Dublins grüne Lunge liegt nur einen Katzensprung vom Stadtzentrum entfernt, dennoch hat man das Gefühl, als lägen Welten dazwischen. Mit 707 Hektar mehr als doppelt so groß wie der New Yorker Central Park und mit 17 Kilometern Radwegen ausgestattet, kann man hier in aller Ruhe radeln und dabei die gigantische Stadtoase erkunden. Sie entstand 1662 als Jagdrevier für den Duke of Ormond, der seinerzeit eine Herde Damwild ansiedeln ließ. Damit das Wild nicht ausbüchste, wurde das gesamte Gelände mit einer Mauer umschlossen. Noch heute leben über 450 Tiere, Nachkommen der ursprünglichen Herde, im Park. Kein Zaun trennt sie von Menschen, und sie springen nicht davon, wenn man sich ihnen nähert. Folgt man der Karte des Radverleihs, radelt man entgegen dem Uhrzeigersinn durch den Park, vorbei am 62 Meter hohen Wellington Monument, das 1817 für Arthur Wellesley, 1. Duke of Wellington, errichtet wurde, weil er bei Waterloo über Napoleon siegte. Später wurde er Namensgeber für Gummistiefel, die in Großbritannien und Irland Wellingtons, kurz „Wellies", genannt werden. Der Feldmarschall liebte das Design hessischer Militärstiefel, das für die ersten britischen Gummistiefel herhielt. Nicht weit vom Monument befinden sich die viktorianischen Tea Rooms mit allerlei Leckereien. Richtung Norden liegen der Dubliner Zoo sowie Áras an Uachtaráin, Amtssitz des irischen Präsidenten. In Staunen versetzt das schlossähnliche Farmleigh House im Nordwesten, das die Regierung 1999 für 29,2 Millionen Euro von der Guinness-Familie erwarb, um es für weitere 23 Millionen für die Unterbringung von Staatsgästen zu renovieren. Südlich davon radelt man an der prächtigen Deerfield Residence des amerikanischen Botschafters vorbei. Nicht weit davon steht ein 35 Meter hohes Kreuz, das 1979 für den Besuch von Papst Johannes Paul II. errichtet wurde. Er hielt dort eine Messe, zu der über eine Million Menschen strömten. Am Ende der Radtour belohnt man sich mit einem Abstecher in die Tea Rooms.

TIPP

Phoenix Park Bikes bietet auch geführte Radtouren durch den Park an.

- Phoenix Park Bikes, Gate House, Chesterfield Avenue, Dublin 8, Tel. +3 53 (87) 3 79 99 46, www.phoenixparkbikes.com
- ÖPNV: Bus 37, Haltestelle Castleknock Road

Ein Date mit Minky

70 Whale Watch West Cork

Whale Watching auf einem Katamaran von „Whale Watch West Cork“ ist ein ganz besonderes Highlight. Vor allem vom Frühjahr bis zum Herbst, wenn sich vor der fischreichen Küste West Corks Minkwale tummeln. Es kann allerdings bis zu einer Stunde auf dem Boot vergehen, bis ein *minke,* so die englische Bezeichnung, was wie „Minky“ ausgesprochen wird, auftaucht. Geduld ist gefragt. Der Skipper hält mit einem Fernglas Ausschau nach Möwen. Sobald er einen großen Schwarm auf der Stelle kreisen sieht, steuert er das Boot langsam in Richtung der Seevögel. Sie sind ein Hinweis darauf, dass sich dort Minkwale aufhalten. Die Möwen wissen: Wo Minkwale verweilen, muss es Schwarmfische, ergo etwas zu fressen geben, und sie hoffen auf Fischreste. Wenig später lugt eine hohe sichelförmige Finne aus dem Wasser hervor. Die Spannung auf dem Katamaran ist groß. Wird sich der Minkwal in seiner vollen Größe zeigen? Die Minuten vergehen. Mehr als die Finne ist weiterhin nicht zu sehen. In einiger Entfernung schießt plötzlich ein weiterer Wal wie eine Rakete aus dem Wasser, gefolgt von einem zweiten. Was für ein Erlebnis!

Minkwale, auch Zwergwale genannt, gehören mit einer Länge von 7–10 Metern zu den kleinsten Vertretern der Bartenwale. Sie leben im Nordatlantik und Nordpazifik, ziehen im Winter aber wärmere Gewässer vor, weshalb man sie ab November vor West Corks Küste seltener sieht. Im Juni 1991 hat die irische Regierung die Hoheitsgewässer Irlands zum Schutzgebiet für Wale und Delfine erklärt. Die Beobachtungstouren von Cork Whale Watch zählen daher weniger zum kommerziellen touristischen Abenteuervergnügen, sondern sind Bestandteil der wissenschaftlichen Beobachtung der gefährdeten Tiere. Bei aller Vorfreude aufs Whale Watching sollte man nicht vergessen, dass es auf dem Atlantik auch im Sommer recht kühl und der Boden auf dem Katamaran mitunter glitschig ist. Deshalb in Jacke oder dicken Pulli und festes Schuhwerk schlüpfen.

TIPP

Auf einen Drink ins historische Pub The Algiers Inn in der Main Street in Baltimore

● Whale Watch West Cork, Baltimore Pier, Baltimore, County Cork, Tel. +3 53 (86) 1 20 00 27, www.whalewatchwestcork.com

Was das Herz begehrt

71 Stephen's Green Shopping Centre, Dublin

Die prachtvolle Metall- und Glaskonstruktion im Stil eines viktorianischen Gewächshauses versetzt einen in Staunen. Um einen monumentalen Innenraum gruppieren sich auf drei Etagen Ladengalerien, die im ersten Stock von Säulen, Geländern mit Ornamenten und Rundbalkonen, im letzten Stock von Rundbögenpaaren flankiert werden. Vom Boden bis zur Decke dominieren ringsum weißes Metallblech, Pastellgrün und viel Glas. Im Erdgeschoss erstrecken sich von einem Ende zum anderen Ladenpavillons mit Glasdächern. Das Dach des Gebäudes besteht aus Glas, das von einem offenliegenden Stahlgerüst mit nach unten geöffneten Halbkreisen gehalten wird. In einem dieser Halbkreise hängt das Wahrzeichen des Shopping Centers: eine gigantische Uhr mit durchsichtigem Zifferblatt und goldenen Zeigern. Allein dieser Anblick ist einen Besuch wert!
Bei seiner Eröffnung im November 1988 war Stephen's Green das modernste und größte Einkaufszentrum des Landes und avancierte binnen kurzer Zeit zum angesagten Shopping-Paradies. Es gibt mittlerweile zwar eine weitaus größere Mall vor den Toren Dublins, Stephen's Green hat jedoch nichts von seinem Charme verloren, von der einzigartigen Architektur ganz zu schweigen. Auf den drei Etagen befinden sich über 100 Geschäfte, Cafés und Restaurants, von Modeboutiquen über Parfümerien, Geschenkartikelläden bis hin zu Kunst- und Antiquitätenhändlern. Neben Top-Einzelhändlern wie Dunnes Stores, Boots, Eason, United Colors of Benetton, Jack Wills, Golden Discs und TK Maxx findet man auch Schönes für den vielseitigeren Geschmack: Geschäfte wie Asha, House of Japan und Retro Nation führen alles von Gothic-Mode bis hin zu ausgefallenen Geschenken. Wer Mitbringsel und Geschenke sucht, wird in einer Vielzahl irischer Kunsthandwerks- und Geschenkeläden, darunter The Donegal Shop, Carroll's Irish Gifts, Celtic Spirit und Tipperary Crystal fündig. Und wenn die Füße nicht mehr mitmachen, dann nichts wie in eines der Cafés oder Restaurants im Stephen's Green.

- Stephen's Green Shopping Centre, St Stephen's Green (Ecke Grafton Street), Dublin 2, Tel. +3 53 (1) 4 78 08 88, www.stephensgreen.com
- ÖPNV: LUAS Green Line, Haltestelle St Stephen's Green

OPATRA
TONY QUINN EDUCOHEALTH

Schloss der Liebe

72

Kylemore Abbey, Connemara

Wie ein verwunschenes Märchenschloss liegt Kylemore Abbey eingebettet zwischen dem bewaldeten Druchruach Mountain und dem Ufer des idyllischen Lough Pollacappul. Für viele ist die alte Benediktinerinnenabtei das romantischste Schloss Irlands. Nicht nur aufgrund seiner Lage und Pracht, sondern weil die Geschichte einer unsterblichen Liebe in seinen Mauern steckt. Ein Kloster war Kylemore nämlich nicht immer. Die Geschichte begann, als der wohlhabende Arzt Mitchell Henry und seine Frau Margaret 1849 ihre Hochzeitsreise in der Region Connemara verbrachten, die Oscar Wilde später als „wilde Schönheit" bezeichnete. Margaret verliebte sich auf Anhieb in die Gegend, sodass sie und ihr Mann immer wieder nach Connemara zurückkehrten. Als Mitchells Vater 1862 starb, hinterließ er seinem Sohn ein Vermögen. Dieser investierte das Geld in einen Landkauf am Lough Pollacappul und den Bau eines 50-Zimmer-Schlosses für seine große Liebe Margaret. 1871 zog die Familie mit ihren neun Kindern ins neue Zuhause ein, doch nur drei Jahre später schlug das Schicksal grausam zu. Als die Henrys und ihre Kinderschar im November 1874 durch Ägypten reisten, erkrankte Margaret an der Ruhr und starb am 4. Dezember im Alter von 45 Jahren. Mitchell konnte sich mit ihrem Tod nicht abfinden, ließ sie einbalsamieren und brachte sie nach Kylemore zurück, wo er sie in der Eingangshalle des Schlosses aufbahrte. So konnte er seine geliebte Frau sehen, bis das Mausoleum fertig war, das in Schlossnähe für sie errichtet wurde. Drei Jahre später ließ er in Erinnerung an Margaret eine kleine gotische Kirche bauen. Mitchell heiratete nicht wieder. Als er 1910 starb, wurde er im Mausoleum neben Margaret beigesetzt. Kylemore Castle wechselte danach zwei Mal den Besitzer, bis es 1920 an den benediktinischen Orden „Damen von Ypern" überging und zu Kylemore Abbey wurde. Die Haupteingangshalle und die angrenzenden Räume sind für die Öffentlichkeit zugänglich.

TIPP

Viktorianischer „Walled Garden" aus den Gründerjahren des Schlosses

---

Kylemore Abbey, Kylemore, Pollacappul, County Galway, www.kylemoreabbey.com

Rhythmen zum Mitstampfen

73 Gus O'Connor's Pub, Doolin

In dem urigen Pub an der Westküste fiedeln, dudeln, whistlen und trommeln „Irish Folk & Trad Bands", was das Zeug hält. Von Februar bis November an sieben Abenden der Woche, in den restlichen Monaten nur an den Wochenenden. Bei den Rhythmen des Irish Trad sitzt man nicht lange still, stampft mit den Füßen mit, klatscht oder trommelt mit den Fingerknöcheln im Takt der Musik auf die alten Holztische. Manche springen auf und geben den traditionellen irischen Stepptanz zum Besten. Irish Folk und Trad sind nicht dasselbe? Nein, nicht ganz. Die traditionelle irische Musik entstand im 17. Jahrhundert und ist in der Regel rein instrumental. Der Irish Folk entwickelte sich aus dem Irish Trad und ist Musik mit Gesang. Wenn die Musiker im Gus O'Connor's traditionelle Pubsongs wie „Whiskey in the Jar" schmettern, sind alle eingeladen, mitzusingen. Ganz Mutigen wird sogar ein Mikrofon zur Verfügung gestellt.

Das kleine Fischerörtchen Doolin mit nicht einmal 500 Einwohnern und vier Pubs gilt als Zentrum traditioneller irischer Musik. Bands, die hier auftreten, gehören zur Créme de la Créme des Irish Folk & Trad. Doolin liegt am Wild Atlantic Way, der irischen Antwort auf die amerikanische Route 66. Die spektakuläre Küstenstraße an der Westküste schlängelt sich auf über 2500 streckenweise recht kurvenreichen Kilometern von Kinsale im Süden Corks bis hinauf zur Inishowen Halbinsel im Norden. Dass sich Doolin zu einer Musikhochburg entwickelt hat, ist den aus dem Ort stammenden Brüdern Micho, Packie und Gussie Russell zu verdanken. In den 1960er-Jahren veranstalteten die drei Musiker Traditional Irish Music Sessions in den damals zwei Pubs ihres Heimatörtchens, zu denen sie Musiker aus ganz Irland einluden. Im Laufe weniger Jahre entwickelte sich Doolin zum Mekka für Fans irischer Musik und Gus O'Connor's, das älteste Pub im Ort, zum „place to be". In Erinnerung an die drei Brüder findet in Doolin jährlich am letzten Februarwochenende das „Russell Festival" statt.

● Gus O'Connor's Pub, Fisher Street, Doolin, County Clare, Tel. +3 53 (65) 7 07 41 68
www.gusoconnorsdoolin.com

Ruhe garantiert

74 Great Blasket Island, Kerry

Wer mal einen Tag lang Ruhe, Stille und Einsamkeit sucht und völlig abschalten möchte, wird auf der Insel vor der Westspitze der Dingle Peninsula fündig. Hier wohnt kein Mensch, es fährt kein Auto, es gibt keine Hektik, und die einzigen Geräusche, die man hört, sind der Wind, das Rauschen des Meeres, das Geschrei der Seevögel und Rufe aus der Kegelrobbenkolonie der Insel. Great Blasket war jahrhundertelang bewohnt. Da es weder Strom noch fließend Wasser, keine Läden, kein Pub oder sonst irgendetwas gab, was das Leben erleichterte, verließen immer mehr Menschen die zerklüftete und baumlose Insel. Die letzten zogen 1954 aufs Festland. Häuser und Land blieben zwar im Besitz der ehemaligen Inselbewohner, verfielen aber im Laufe der Jahrzehnte zu Ruinen. Das „Office of Public Works“ erwarb 2009 einen Großteil der Ländereien und machte den Staat zum Haupteigentümer der Insel. Fünf Jahre später startete „The Great Blasket Island Experience“ mit der Restaurierung von fünf Steinhäusern, um diese in den Sommermonaten an Abenteuerlustige zu vermieten, die gerne eine Nacht oder auch eine Woche abgeschieden von der Zivilisation verbringen möchten: ohne Elektrizität, Warmwasser, Internet und ohne die Möglichkeit, mal schnell etwas einkaufen zu gehen. Dafür erlebt man Momente der Vollkommenheit: Die Schönheit der Insel, die einen immer wieder überwältigt, die Art und Weise, wie die heidebewachsenen Hügel ins Meer abfallen und die Farben des 6 Kilometer langen und 1,2 Kilometer breiten Eilands, die bei Sonnenschein so hell und wunderschön sind. Am Abend erhellt Kerzenlicht das Cottage, zum Kochen steht ein Brennstoffofen bereit. Ganz allein ist man auf der Insel nicht. Zwei „Guesthouse Caretaker“ kümmern sich um das Wohl der wenigen Gäste. Der Job ist heiß begehrt. Jährlich bewerben sich mehr als 24.000 Paare aus aller Welt um die sechsmonatige Stelle als Caretaker auf Great Blasket.

TIPP

Ausflug ohne Übernachtung: Blasket Island Ferry, www.blasketislandferry.com

● Great Blasket Island, County Kerry, Übernachtungen ausschließlich online buchbar: greatblasketisland.net/accommodation

Im Veggie-Paradies

75 Paradiso, Cork

Zugegeben, günstig ist das Essen im Paradies nicht, dafür bekommt man jedoch „kleine Häppchen vom Himmel", wie ein Restaurantkritiker schrieb. So zur Vorspeise eine exotisch gewürzte Linsensuppe. Gefolgt von Blumenkohl in einem federleichten Teig, glasiert mit einer pikanten Sauce aus fermentiertem Chili, Ingwer und Orange, dazu ein spanischer Minxo, der mit einer Mischung aus frittiertem Tofu, Auberginen und Pilzen belegt und mit fünf Gewürzaromen ein Fest für den Gaumen ist. Im zweiten Gang gibt es gebratene Schwarzwurzelstücke mit gehackten Haselnüssen und geraspeltem Gemüse, für den Geschmack sorgen Miso-Mayonnaise und eingelegte Pflaumen. Anschließend freut sich das kulinarische Herz über eine Kürbiskern-Schoko-Chili-Sauce mit knusprig gebratener Polenta.

Das Paradiso feierte im Oktober 2023 seinen 30. Geburtstag – im fleischlastigen Irland eine ganz besondere Leistung. Vor allem für ein vegetarisch-veganes Restaurant im gehobenen Gastronomiebereich außerhalb einer großen Metropolregion. Gründer und Inhaber Denis Cotter verzichtete in den Anfangsjahren mit Absicht auf die traditionellen vegetarischen Nahrungsmittel Hülsenfrüchte und Getreide. Stattdessen konzentrierte er sich auf Gemüse als Herzstück jedes Gerichts, fügte Würze hinzu, die von der asiatischen Fusionsküche aus dem Ausland inspiriert war, schuf genussvolle Kreationen und hatte Erfolg. Zugute kam ihm, dass Irland dank seines Wirtschaftsbooms in den 1990er-Jahren zum „Celtic Tiger" wurde, multinationale Konzerne Firmen auf der Insel errichteten und über eine halbe Million neue Arbeitskräfte aus aller Welt ins Land strömten, was natürlich auch kulinarische Auswirkungen hatte. Auf erste Auszeichnungen musste das Restaurant, damals noch Café Paradiso, nicht lange warten. Cotter wurde zur vegetarischen Ikone – auch wegen seiner Kochbücher, darunter „Paradiso Seasons", das 2003 auf der „Gourmand World Cookbook Fair" als bestes vegetarisches Kochbuch der Welt ausgezeichnet wurde.

● Paradiso, 16 Lancaster Quay, Cork City, County Cork, Tel. +3 53 (21) 4 27 79 39
paradiso.restaurant
● ÖPNV: Bus 205, Haltestelle Lancaster Quay

Ein Kuss für 1000 Worte

76

Blarney-Stein, Blarney Castle

Um ewige Beredsamkeit *(gift of the gab)* zu erlangen, muss man sich in 30 Metern Höhe rückwärts über einen Wehrgang hinauslehnen, sich oben an einem Eisengitter festhalten, damit man nicht unsanft in der Tiefe landet, und dann den legendären Stein, der in die Festungsmauer eingebaut ist, mit den Lippen berühren. Danach gelingt jede Rede mit Leichtigkeit, heißt es.

Um die magische Kraft des Steines ranken sich zahlreiche Legenden. Die romantischste ist die um die Königin der Feen in der Provinz Munster und deren Liebe zu einem Stammesfürsten, der im Kampf fiel. Sie fand seinen leblosen Körper auf einem Stein am Fluss. Sein Blut war in diesen eingedrungen. Ihre Tränen vermischten sich mit dem Blut im Stein, den sie ständig küsste. Dadurch wurden ihre magischen Kräfte vom Stein absorbiert. Wie und wann dieser in die Mauer von Blarney Castle eingebaut worden sein soll, ist nicht überliefert.

TIPP

Für das Ritual mit dem Stein sollte man keine Höhenangst haben!

Um den Stein selbst ranken sich ebenso viele Legenden, wobei sich einige um Cormac MacDermot MacCarthy drehen, den es tatsächlich gab. Einer Legende nach beabsichtigte Königin Elizabeth I., Cormac seine traditionellen Landrechte zu entziehen. Der Edelmann traf Vorbereitungen für eine Reise nach England, um bei der Regentin vorzusprechen. Er war sich jedoch sicher, dass er sie nicht dazu überreden könnte, ihre Meinung zu ändern, da er kein überzeugender Redner war. Vor seiner Reise traf er eine alte Frau, die ihm erzählte, dass jedem, der einen bestimmten Stein im Blarney Castle küsste, die Gabe der Beredsamkeit verliehen würde. Cormac eilte daraufhin zu besagtem Stein, küsste ihn und konnte die Königin davon überzeugen, ihm sein Land nicht zu entziehen. Seit die Legende vom Blarney Stone 1785 erstmals beschrieben wurde, gab es einen regelrechten Run auf den Stein, der seitdem Millionen Mal geküsst wurde. Unter den Küssenden befanden sich literarische Größen, Leinwandlegenden und Staatsmänner aus aller Welt, darunter Winston Churchill – und der konnte reden wie kein anderer!

● Blarney Castle, Monacnapa, Blarney, County Cork, www.blarneycastle.ie

KISSING
THE

Über den Baumwipfeln

77 Avondale Treetop Walk

Der luftige Ausflug „Beyond the Trees“ beginnt wenige Meter über dem Waldboden auf einem auf Stelzen errichteten Holzsteg, der auf seinen knapp eineinhalb gewundenen Kilometern langsam ansteigt und an seinem höchsten Punkt 23 Meter Höhe erreicht. Entlang des hölzernen Pfads taucht man tief in die Natur ein. An einigen Stellen liegen Beobachtungspunkte *(lookouts)*, darunter „Lover's lookout“ mit atemberaubendem Blick auf den Avonmore River – seit der Eröffnung von Irlands erstem Baumwipfelpfad im Juli 2022 gilt dieser als einer der romantischten Orte für Heiratsanträge.

Tafeln informieren über Fauna und Flora und das bewaldete Anwesen Avondale Estate, das als Geburtsstätte der irischen Forstwirtschaft gilt. Der barrierefreie Pfad führt am Avondale Forest Arboretum vorbei, einer Sammlung der schönsten Bäume Irlands mit Eiben, Eichen, Fichten, Lärchen, Kiefern, Tannen und majestätischen Redwoods. Manche Bäume sind 300 Jahre alt. Der hölzerne Steg mündet in einen kurzen Tunnel und endet auf Bodenlevel am Fuß eines zwölfeckigen Aussichtsturms, der in seiner Form einem Guinness-Glas ähnelt. Der Turm ist das Highlight des Treetop Walk. In Spiralen schlängelt sich die aus Douglasien und Lärchen errichtete Holzkonstruktion über zehn Ebenen hinauf zu einer Aussichtsplattform in 38 Metern Höhe (168 Meter über dem Meeresspiegel) – dem Highlight des Treetop Walk. Hier oben bietet sich ein überwältigender 360-Grad-Blick auf die Weite des Forest Parks, das Avonmore River Valley und bei klarer Sicht auf die Wicklow Mountains. Abenteuerlustige beschleunigen den Abstieg über eine gigantische 90 Meter lange spiralförmige Röhrenrutsche – damit ist man nicht nur schneller wieder am Boden, die Rutschpartie macht auch mehr Spaß. Unter der Woche und früh am Tag hat man die heiß begehrte Rutsche fast für sich allein und muss sich für den rasanten Rutschgenuss vorab nicht in eine mitunter lange Schlage einreihen.

TIPP

Avondale House – Elternhaus des irischen Politikers und Nationalhelden Charles Stewart Parnell

● Avondale Forest Park, Rathdrum, County Wicklow, Tel. +3 53 (404) 4 61 11, www.beyondthetreesavondale.com/treetop-walk

Sammelleidenschaft

78 Hunt Museum, Limerick

Schlendert man durch die Räume des außergewöhnlichen Museums, spürt man, mit wie viel Liebe und Leidenschaft die mehr als 2.000 Kunstschätze zusammengetragen wurden. Die ältesten Stücke stammen aus dem steinzeitlichen Irland und dem alten Ägypten. Zur Sammlung gehören das aus Bronze gegossene Antrim-Kreuz aus dem frühen 9. Jahrhundert, Kleider der irischen Designerin Sybil Connolly, Zeichnungen von Picasso und vieles mehr.

Der Grundstein für die Sammlung wurde 1933 gelegt, als der Engländer John Durell Hunt die Mannheimerin Gertrude Hartmann heiratete. Beide teilten die Liebe zu Kunst, Geschichte und Design. Kaum verheiratet, begann John mit dem An- und Verkauf von Kunstwerken und eröffnete 1934 ein Antiquitätengeschäft sowie eine Galerie in London. Zu seinen berühmtesten Stammkunden zählte Queen Mary, die Frau von König Georg V. Die Hunts reisten quer durch Europa und erwarben Objekte in Antiquitätengeschäften, Kirchen, Kunstmuseen und von Sammlern. Allerdings verkauften die beiden nicht immer, was sie sammelten, vieles behielten sie und stellten es in ihrem Haus aus. 1940 zogen John und Gertrude an den Lough Gur im County Limerick, da dort archäologische Ausgrabungen durchgeführt wurden – John arbeitete als Amateurarchäologe mit. Einige der am Lough Gur gefundenen prähistorischen Artefakte befinden sich heute im Hunt Museum.

Während ihrer Zeit in Limerick erweiterten John und Gertrude ihre Sammlung und dekorierten auch ihr Haus am Lough Gur mit ihren Antiquitäten. 1954 verließen die beiden Limerick und zogen nach Dublin. John engagierte sich weiterhin in der Archäologie in Limerick und Clare, während Gertrude sich dem Kauf und Verkauf von Kunst widmete. Die Hunts gründeten 1974 den „Hunt Museum Trust", der im Namen des irischen Volkes ihre Sammlung treuhänderisch verwaltet. Um die Schätze der Hunts der Öffentlichkeit zugänglich zu machen, wurde 1997 im Alten Zollhaus in Limerick das Hunt Museum eröffnet.

● The Hunt Museum, Rutland Street, Limerick, County Limerick,
Tel. +3 53 (61) 31 28 33, www.huntmuseum.com

Frauenpower

79 Grace-O'Malley-Statue, Westport

Der Blick der überlebensgroßen Bronzestatue ist auf das palastartige Westport House gerichtet, das auf den Ruinen eines der Schlösser der legendären Piratenkönigin „Granuaile" entstand. Die Grace-O'Malley-Biografin Anne Chambers nennt die Frau, die sich weder durch soziale, politische noch religiöse Konventionen abschrecken ließ, Irlands erste Feministin. Granuaile wurde 1530 als Gráinne Ní Mháille (anglisiert Grace O'Malley) auf Clare Island geboren. Ihr Vater besaß eine Flotte an Handelsschiffen. Um mitfahren zu dürfen, griff Gráinne zur Schere, schnitt sich die Haare ab und schlüpfte in Hemd und Hosen. „Gráinne Mhaol" (Grace, die Geschorene) war nun ihr Spitzname, woraus sich „Granuaile" ableitete. Sie heiratete, stieg in das Handelsschiffunternehmen ihrer Schwiegereltern in Galway ein und bekam drei Kinder. Die Stadt war damals Handelszentrum der Engländer, den Iren war der Handel verboten. Zahlreiche Clans, inklusive Granuaile, griffen daher auf Piraterie zurück. Als ihr Mann 1565 starb, kehrte sie nach Clare Island zurück, um die Familiengeschäfte der O'Malleys fortzuführen.

TIPP
Geführte Tour durch das historische Westport House

Den Engländern war die Macht der irischen Adelsclans an der Westküste und besonders der Einfluss von Granuaile ein solcher Dorn im Auge, dass der Gouverneur von Connacht die Hälfte von Granuailes Flotte zerstörte, ihr Land konfiszierte, ihren ältesten Sohn ermorden und die beiden anderen Söhne verhaften ließ. Verzweifelt schrieb Granuaile einen Brief an Königin Elisabeth I. und bat um Freilassung der beiden. Ihre Überfälle auf englische Schiffe rechtfertigte sie als von der Verwaltung der Engländer heraufbeschworene Notwendigkeit. Als eine Antwort ausblieb, segelte sie nach England und bat die Königin um Audienz. Elizabeth schien von der Irin beeindruckt, denn die Söhne wurden freigelassen, Granuaile erhielt ihren Besitz zurück und obendrein einen Freibrief, der ihr gestattete, ihre Geschäfte zu Wasser weiterzuführen, allerdings nur noch unter englischer Flagge.

● Grace-O'Malley-Statue, Westport House Grounds, Quay Road, Westport, County Mayo, www.westporthouse.ie

Sunset in the City

80 Samuel Beckett Bridge, Dublin

„Der Sonnenuntergang ist eine Liebeserklärung der Natur an den Menschen“ – von wem dieses Zitat stammt, ist unbekannt. Ob die Sonne dabei im Meer versinkt, hinter Bergen oder Häusern am Horizont verschwindet, tut der Schönheit des farbenfrohen Himmelsspektakels keinen Abbruch. In der Innenstadt von Dublin ist die Samuel Beckett Bridge in den Docklands der perfekte Ort, um den Sonnenuntergang in seiner ganzen Pracht zu erleben. Die nach dem Dubliner Schriftsteller („Warten auf Godot“) und Literaturnobelpreisträger benannte Schrägseilbrücke erinnert an eine auf der Seite liegende Harfe. Atmosphärische Fotos schießt man am besten ein paar Meter von der Brücke entfernt, denn das Motiv des Liffey-Übergangs ist in der untergehenden Sonne unschlagbar. Wie am Meer und in den Bergen, gleicht auch in der Stadt kein Sonnenuntergang dem anderen. Je nach Jahreszeit, Wetterlage und Wolkenformation zeigt sich am Himmel ein faszinierendes Farbenspiel in den unterschiedlichsten Gelb-, Orange- und Rottönen, die an manchen Abenden fast lila erscheinen. Je bewölkter der Himmel, desto farbenprächtiger und dramatischer ist der Sonnenuntergang, und je weiter die Sonne sinkt, desto intensiver werden die Farben, die sich im Fluss spiegeln und die Gebäude am Ufer in ein warmes Licht tauchen. Man kann sich kaum sattsehen an dem himmlischen Spektakel, das viel zu schnell endet. Ist die Sonne hinter dem Horizont verschwunden, dominiert tiefes Blau. Nun beginnt mit der sogenannten blauen Stunde der letzte Abschnitt der Abenddämmerung. Wenn sich Tag und Nacht Hallo sagen, erscheint der Himmel besonders intensiv und taucht die Umgebung in ein kaltes, bläuliches Licht, das besonders an Sommerabenden eine visuelle Sinfonie aus unzähligen Blau-Schattierungen hervorruft.
Die genaue Zeit des Sonnenuntergangs wird auf der Wetter-App angezeigt. Am besten ist man schon etwas früher an Ort und Stelle, damit man keine Minute des faszinierenden Schauspiels verpasst.

- Samuel Beckett Bridge, Dublin Docklands, Dublin
- ÖPNV: LUAS Red Line, Haltestelle Mayor Square, dann 350 Meter zu Fuß

Ein ganz großes Dankeschön geht an Tourism Ireland,
ganz besonders an Oliver Treptow und Monika Wörmann,
für die Vermittlung von Kontakten, für Informationen
und sonstige Unterstützung.

Bibliografische Informationen der Deutschen Nationalbibliothek
Die Deutsche Nationalbibliothek verzeichnet diese Publikation in der Deutschen Nationalbibliografie; detaillierte bibliografische Daten sind im Internet über http://dnb.d-nb.de abrufbar.

Konzeption/Satz: Droste Verlag, Düsseldorf
Einbandgestaltung und Illustrationen: Britta Rungwerth, Düsseldorf, unter Verwendung von Bildern von © Fotolia.com: jd – photodesign.de; © iStock: Plociennik Robert
Fotos: Cornelia Lohs, außer: S. 9: www.istockphoto.com/Peter Krocka; S. 13, 47, 111, 133: Tourism Ireland/Chris Hill; S. 17: Fáilte Ireland/Gareth Wray; S. 21: Cashel Farmhouse Cheesemakers; S. 33: www.stock.adobe.com/Ievgen Skrypko; S. 35: www.stock.adobe.com/Laura Ballard; S. 39: Fáilte Ireland/Valerie O'Sullivan; S. 43: www.stock.adobe.com/Makuba; S. 45: Courtesy Fennell Photography; S. 49, 73, 107, 121, 127, 129, 149, 163: Fáilte Ireland; S. 53 Courtesy Gareth McCormack; S. 57, 61, 63, 77, 151, 155, 157: Tourism Ireland; S. 65: Courtesy The Ewe Experience; S. 69: Spud Murphy, CC BY-SA 2.0 (https://commons.wikimedia.org/w/index.php?curid=7200263); S. 71: Tourism Ireland/Brian Morrison; S. 79: Courtesy Atlantic Sea Kayaking; S. 81: Tourism Ireland/Tim Thompson; S. 85: Fáilte Ireland/Clive Barda; S. 87: Fáilte Ireland/Martin Fleming; S. 89: Fáilte Ireland/Courtesy César Dive; S. 91: www.stock.adobe.com/Rebecca; S. 93: Tourism Ireland/Dominique Davoust; S. 97: Fáilte Ireland/Carsten Krieger; S. 103: Courtesy The Montenotte Hotel; S. 105: www.stock.adobe.com/cmfotoworks; S. 115: www.stock.adobe.com/Jakub; S. 117: Courtesy Boyne Boats; S. 119: Courtesy Barry Murphy Photography; S. 123: Chris Hill; S. 125: Courtesy Fiona Dalton; S. 135: Courtesy Liss Ard Estate; S. 145: Fáilte Ireland/Dylan Vaughan; S. 147: www.istockphoto.com/Wirestock; S. 153: www.stock.adobe.com/Jon; S. 159: Petra15, CC BY-SA 3.0 (https://commons.wikimedia.org/w/index.php?curid=54682); S. 161: Courtesy Beyond The Trees Avondale; S. 167: Fáilte Ireland/Gareth McCormack
Textlektorat: Mo Kreutzberg, Düsseldorf

MIX
Papier | Fördert gute Waldnutzung
FSC www.fsc.org
FSC® C011279

Druck und Bindung: LUC GmbH, Greven
ISBN 978-3-7700-2530-5

www.droste-verlag.de